Lucia Baumgärtner

Vollwertig backen für Weihnachten

*Erprobte Rezepte und
wertvoller Rat*

GU

Gräfe und Unzer

Umschlagfotos:
Vorderseite: Oben links Hildabrötchen, Rezept Seite 26; oben rechts Aprikosenmonde, Rezept Seite 23; unten links Vanillekipferl, Rezept Seite 29; unten rechts Lebkuchen mit neunerlei Gewürzen, Rezept Seite 34.
2. Umschlagseite: Die Honigprinten (oben) gehören zu den ältesten Weihnachtsgebäcken. Rezept Seite 55. Die Thorner Katrinchen (unten) werden aus Lebkuchenteig hergestellt, den Sie auch zu anderen Figuren formen können. Rezept Seite 36.
3. Umschlagseite: Die Mandelröllchen (links), ein feines Gebäck aus Mürbeteig, und die beliebten Zimtsterne (rechts) sind – hübsch verpackt – ein schönes Mitbringsel. Rezept Seite 62 und 51.
Rückseite: Festliches Gebäck und Konfekt nicht nur in der Adventszeit. Oben links Orangentorte, Rezept Seite 93; oben rechts Butterspekulatius, Rezept Seite 54; unten links Mokkatrüffel auf Marzipan, Rezept Seite 100; unten rechts Christstollen, Rezept Seite 81.

CIP-Kurztitelaufnahme der Deutschen Bibliothek

Baumgärtner, Lucia:
Vollwertig backen für Weihnachten: erprobte Rezepte u. wertvoller Rat / Lucia Baumgärtner. – 3. Aufl. – München: Gräfe u. Unzer, 1989.
ISBN 3-7742-1244-9

3. Auflage 1989
© Gräfe und Unzer GmbH, München
Alle Rechte vorbehalten. Nachdruck, auch auszugsweise sowie Verbreitung durch Film, Funk und Fernsehen, durch fotomechanische Wiedergabe, Tonträger und Datenverarbeitungssysteme jeglicher Art nur mit schriftlicher Genehmigung des Verlages.

Redaktion: Cornelia Schinharl
Herstellung: Monika Gerretz
Farbfotos: Susi und Pete A. Eising
Zeichnungen: Gerlind Bruhn
Umschlaggestaltung: Heinz Kraxenberger
Satz und Druck: Appl, Wemding
Reproduktion: Brend'amour, Simhart & Co.
Bindung: Sellier, Freising

ISBN 3-7742-1244-9

Lucia Baumgärtner

stammt aus Nordbaden. Schon früh wurde durch das Elternhaus ihr Interesse an einer natürlichen und bewußten Lebensweise geweckt. So beschäftigt sich die begeisterte Hobbyköchin schon seit einigen Jahren mit der Vollwertkost. Durch intensive Literaturstudien und viele praktische Erfahrungen vertiefte sie ihre Kenntnisse über gesunde Ernährung. Als Mutter einer kleinen Tochter lebt sie mit ihrem Mann in der Nähe von Hamburg und befaßt sich weiterhin voller Begeisterung mit der Entwicklung neuer Vollwertrezepte.

Wichtiger Hinweis

Kaufen Sie möglichst nur gereinigtes Getreide. Denn Schmutz und Unkrautsamen (vor allem Samen der giftigen Kornrade) dürfen nicht enthalten sein. Das gleiche gilt auch für das heute wieder häufiger auftretende Mutterkorn, das vor allem den Roggen befällt. Es ist ein deutlich erkennbares, schwärzliches und meist stark vergrößertes Korn. In größeren Mengen verzehrt (etwa 5 bis 10 g) ruft es lebensgefährliche Vergiftungserscheinungen hervor. Die Gefahr ist allerdings relativ gering, wenn Sie, wie empfohlen, gereinigtes Getreide kaufen.

Inhalt

Ein Wort zuvor

Das Backen zu Weihnachten gehört zu den immer noch beliebten Bräuchen. Wenn nach den oft so trüben Tagen des Novembers die Adventszeit mit all ihren Vorfreuden und Heimlichkeiten beginnt, wird in vielen Küchen der Backofen kaum noch kalt. Es herrscht emsiges Treiben, und der Duft von frisch gebackenen Plätzchen und Kuchen bringt uns den Zauber der Vorweihnacht ein Stück näher.

Vielen, die sich an eine gesündere Ernährungsweise halten, fällt es gerade in dieser Zeit besonders schwer, auf das Naschwerk aus Zucker und Weißmehl zu verzichten. Hegen und pflegen wir nicht gerade deshalb seit Generationen überlieferte Familienrezepte? Doch es gilt, das »süße Erbe« zu überdenken und auf neue Erkenntnisse zuzuschneiden. In diesem Buch möchte ich Ihnen zeigen, wie Sie aus naturbelassenen Zutaten und ohne künstliche Aroma- und Farbstoffe eine Vielfalt an feinem Vollkorngebäck und Konfekt herstellen können. Auf die traditionellen Gebäcke brauchen Sie dabei keineswegs zu verzichten. Rezepte für Stollen, Lebkuchen, Spekulatius, Printen und vieles mehr habe ich für die Vollkornbäckerei umgewandelt. Und auch viele neue, eigens von mir entwickelte Rezepte sind dabei.

Frisch gemahlenes Vollkornmehl, natürliche Fette und Süßungsmittel sowie herrliche Gewürze wie Zimt, Nelken, Anis und Vanille verleihen dem Gebäck seinen besonderen Geschmack. Entgegen so manchem Vorurteil werden Sie feststellen, daß der bunte Weihnachtsteller auch mit vollwertigem Gebäck sehr ansprechend und abwechslungsreich ist. Die zahlreichen brillanten Farbfotos in diesem Buch vermitteln einen ersten Eindruck davon. Im Rezeptteil finden Sie verschiedene Hefegebäcke und Stollen für die Adventssonntage, Kuchen und Torten zum Fest und eine große Auswahl der schönsten Plätzchen. Konfekt und Pralinen runden den Bogen der weihnachtlichen Köstlichkeiten ab.

Gefüllte Hörnchen zum Martinstag, Hefeteigmännchen und Stiefel zum Nikolaus, Figuren aus Lebkuchenteig für den Weihnachtsbaum und allerlei Gebäck – hübsch verpackt – sind kleine Überraschungen nicht nur für Kinder, die oft mit Begeisterung bei der Weihnachtsbäckerei helfen. Auch ohne bunte Zuckerstreusel kann man Gebäck lustig verzieren. Mandeln, Nüsse und zahlreiche Trockenfrüchte bieten sich dafür an. Das gemeinsame Formen und Gestalten des Gebäcks macht gerade Kindern Lust auf gesunde Sachen.

Auch diejenigen, die möglichst wenig tierisches Eiweiß verwenden wollen oder dürfen, finden in dem Kapitel »Allerlei Plätzchen ohne Ei« viele Anregungen. Wichtige Informationen über das Backen mit Vollkornmehl sowie viele praktische Tips für das problemlose Gelingen des Gebäcks bekommen Sie im theoretischen Teil des Buches. Eine Warenkunde stellt die einzelnen Zutaten, die in den Rezepten verwendet werden, vor. Die Schritt-für-Schritt-Abbildungen sowie viele informative Zeichnungen verdeutlichen einzelne Arbeitsschritte, wenn die Zubereitung des Gebäcks einmal etwas schwieriger ist.

Wenn Sie sich erst einmal an das Backen mit Vollkornmehl gewöhnt haben, werden Sie und Ihre Familie nicht mehr auf die Köstlichkeiten aus der Vollwertküche verzichten wollen. Herkömmlich hergestellte Backwaren schmecken dann oft viel zu süß und sind zudem schlechter verträglich.

Für dieses schönste Fest des Jahres wünsche ich Ihnen viel Freude beim Backen und Naschen.

Ihre Lucia Baumgärtner

Aus der Vollkornbackstube

Grundsätzliches zur Vollkornbäckerei

Auszugsmehle, raffinierte Zucker, denaturierte Fette sowie künstliche Aromen und Farbstoffe finden bei der Vollkornbäckerei keine Verwendung. Erst im Zeitalter der Industrialisierung fing man an, mit verbesserter Mühlentechnik aus Getreide Auszugsmehl herzustellen. Durch die Entfernung des ölhaltigen Getreidekeimes und der Randschichten ist eine haltbare Konserve entstanden. Inzwischen wissen wir, daß die wertvollen Nährstoffe gerade in den Randschichten und im Keim enthalten sind. Um diesen optimalen Gehalt an lebensnotwendigen Vitalstoffen (Vitamine, Mineralstoffe, Spurenelemente, Enzyme, hochungesättigte Fettsäuren und Aromastoffe) im Getreide vollständig zu nutzen, sollten beim Backen ausschließlich frisch gemahlene Vollkornmehle verwendet werden.

Raffinierter Zucker ist ein isoliertes Kohlenhydrat. Er verbraucht im Gewebestoffwechsel erhebliche Mengen an Vitamin B_1, das dann für andere wichtige Aufgaben (zum Beispiel die Versorgung der Nervenzellen) nicht mehr ausreichend zur Verfügung steht. Darüber hinaus fördert die Verwendung von raffiniertem Industriezucker die Verbreitung von stoffwechselbedingten Zivilisationskrankheiten (zum Beispiel Karies, Diabetes und Übergewicht). Deshalb sollten zum Backen naturbelassene Süßungsmittel wie Honig, Rüben- und Ahornsirup, Dicksaft, Zuckerrohrgranulat und Trockenfrüchte verwendet werden. Sie enthalten neben dem natürlichen Zucker Begleitstoffe wie Vitamine und Mineralstoffe. Auch sie sollten jedoch nur sparsam eingesetzt werden.

Als vollwertige Fette stehen Butter, kaltgepreßtes Öl und eventuell ungehärtete Reformmargarine zur Verfügung.

Praktische Tips

Damit bei Ihrer Weihnachtsbäckerei alles reibungslos funktioniert, sollten Sie folgende Punkte beachten:

* Bevor Sie mit dem Backen beginnen, möglichst zuerst das Rezept sorgfältig durchlesen.
* Alle Zutaten genau abmessen und bereitstellen. Eine Küchenwaage ist dabei dem Meßbecher aufgrund der höheren Genauigkeit vorzuziehen.
* Vollkornmehle besitzen im Vergleich zu Auszugsmehlen ein größeres Quellvermögen. Deshalb ist es wichtig, daß Sie die angegebenen Ruhezeiten der Teige einhalten.
* Beim wiederholten Ausrollen von Plätzchenteig nicht zuviel Mehl unterarbeiten, da sich sonst die Konsistenz des Teiges verändert.
* Ist der Teig sehr feucht, läßt er sich leichter zwischen zwei Bögen bemehltem Pergamentpapier oder Plastikfolie ausrollen.
* Die Plätzchen lassen sich einfacher ausstechen, wenn Sie die Förmchen immer wieder in etwas Mehl tauchen.
* Beginnen Sie rechtzeitig mit den Gebäcken, die eine längere Lagerzeit zur vollständigen Entfaltung ihres Aromas benötigen.
* Um Zeit und Energie zu sparen, ist es nützlich, wenn Sie für das Plätzchenbacken mindestens zwei Backbleche zur Verfügung haben. Während ein Backblech im Backofen ist, können Sie das nächste schon vorbereiten. Für meine Kuchen- und Tortenrezepte benötigen Sie eine Springform mit 26 cm $\varnothing$, eine Kastenform von 30 cm Länge und eine Gugelhupt- oder Napfkuchenform von 25 cm $\varnothing$. Ich habe mit silikonbeschichteten Backformen sehr gute Backergebnisse erzielt.
* Die in diesem Buch angegebenen Backtemperaturen sind Richtwerte für einen konventionell beheizten Elektrobackofen. Die erforderliche Temperatur kann jedoch je nach Herdtyp

verschieden sein. Die folgende Tabelle zeigt die jeweils benötigten Temperaturen oder Schaltstufen:

Konventioneller Elektrobackofen	Heißluftherd	Gasherd
160–180°	140–160°	1–2
180–200°	160–180°	2–3
200–220°	180–200°	3–4
220–250°	200–230°	4–5

Die Backzeiten für meine Rezepte habe ich sorgfältig erprobt. Da die meisten Backöfen jedoch sehr unterschiedlich backen, ist es ratsam, nach zwei Dritteln der empfohlenen Backzeit das Aussehen des Gebäckes zu prüfen. Falls nötig, die Temperatur senken oder das Backwerk mit Pergamentpapier abdecken. Bei Kuchen und Torten sollten Sie zusätzlich am Ende der Backzeit mit einem Holzstäbchen die Garprobe machen.

Wenn Sie den Teig für die Plätzchen dünner oder dicker ausrollen als im Rezept angegeben, verkürzt beziehungsweise verlängert sich auch die Backzeit.

Geräte und Küchenhelfer zum Backen

Getreidemühle: Für eine Familie, die sich vollwertig ernähren möchte, gehört die Getreidemühle zu den wichtigsten Haushaltsgeräten. Das Getreide sollte unmittelbar vor der Verwendung frisch gemahlen werden, damit die Vitalstoffe weitgehend erhalten bleiben.

Das Angebot von guten Getreidemühlen reicht von einfachen Handmühlen bis zu elektrisch betriebenen Mühlen oder Küchenmaschinen mit Mahlvorsatz. Während für das Schroten von Körnern für das Müsli eine Handmühle ausreichend ist, sollten Sie für größere Getreidemengen, wie sie für das Backen erforderlich sind, eine elektrisch betriebene Mühle wählen. Es ist empfehlenswert, sich vor dem Kauf einer Mühle in einem Fachgeschäft beraten zu lassen.

Der Feinheitsgrad des Vollkornmehles ist für das Backergebnis von großer Bedeutung. Für Plätzchen und Kuchen sollten Sie sehr fein gemahlenes Vollkornmehl verwenden.

Rührgerät: Ein elektrisches Handrührgerät oder eine Küchenmaschine sind für das Rühren und Kneten von Teigen sehr praktisch. Für das Unterarbeiten von Mehl bevorzuge ich jedoch einen großen Holzrührlöffel mit Loch, da dadurch ein Überrühren des Teiges vermieden wird.

Küchenwaage: Sie ist wichtig für ein exaktes Abwiegen der Backzutaten.

Meßbecher: Er wird hauptsächlich zum Abmessen von Flüssigkeiten verwendet.

Mandelmühle: Am aromatischsten sind Mandeln und Nüsse, wenn sie kurz vor der Verwendung frisch gemahlen werden.

Pürierstab: Er ist nützlich für die Herstellung von Fruchtfüllungen.

Backtrennpapier: Das Plätzchenbacken macht noch mehr Freude, wenn Sie Ihre Backbleche nicht ständig neu fetten oder reinigen müssen. Tupfen Sie in großen Abständen etwas Fett auf das Backblech und legen Sie es mit Backtrennpapier aus. Dieses gewachste Spezialpapier kann mehrfach verwendet werden. Das Gebäck läßt sich dadurch leicht vom Backblech abheben und es ergibt weniger Bruchstücke.

Aus der Vollkornbackstube

Wichtig für die Weihnachtsbäckerei: Ein Backbrett, ein Wellholz, ein Teigrädchen, zwei Backpinsel in unterschiedlicher Breite, eine Spritztülle und eine Palette sind fast unentbehrlich; außerdem verschiedene Ausstechförmchen und eventuell auch Holzmodel für spezielle Gebäcke.

Verschiedene Ausstechformen und Holzmodel sind wichtige Utensilien für die Weihnachtsbäckerei.

Richtiges Aufbewahren von Weihnachtsgebäck

Damit Ihr Weihnachtsgebäck auch nach längerer Lagerzeit gut schmeckt, hier noch ein paar wichtige Tips:
* Das Gebäck sollte sofort nach dem Backen vom Backblech genommen werden und auf einem Kuchengitter auskühlen. So kann sich die Struktur des Gebäckes festigen. Erst nach völligem Erkalten können die Plätzchen zur Aufbewahrung verpackt werden.
* Verschiedene Plätzchensorten möglichst getrennt aufbewahren.
* Plätzchen, die knusprig bleiben sollen, am besten in eine Blechdose mit luftdicht abschließendem Deckel legen.
* Bei sehr mürbem Gebäck zwischen die einzelnen Lagen Pergamentpapier legen.

* Alle Gewürzgebäcke sollten mindestens 1 Woche lagern, damit sich ihr Aroma voll entfalten kann.
* Gebäck, das weich werden soll, stellt man zuerst in einen kühlen Raum, damit es Luftfeuchtigkeit aufnehmen kann. Dann legt man es in eine Dose mit lose aufliegendem Deckel.
* Lebkuchen und Honigkuchen werden schneller weich, wenn Sie etwas Apfelschale mit in die Dose geben.
* Plätzchen mit hohem Fettanteil sollten Sie nicht länger als 4 Wochen lagern.
* Weihnachtsstollen und Früchtebrote sollten vor dem Verpacken unbedingt 1–2 Tage luftig und kühl liegen; sonst könnte sich Schimmel bilden. Danach werden sie in Alufolie oder Klarsichtfolie gewickelt und in einem kühlen Raum aufbewahrt. Wenn Sie einen unglasierten Steinguttopf mit Deckel besitzen, können Sie den Stollen oder das Früchtebrot darin ideal lagern.
* Bei Konfekt und Pralinen werden die Zutaten meist in rohem Zustand verarbeitet. Daher sollten sie nicht zu lange lagern. Kühl und trocken aufbewahrt bleiben sie jedoch mindestens 1 Woche frisch.

Gewürze und Zutaten von A–Z

Die Qualität der Zutaten ist für den guten Geschmack des Gebäckes sehr entscheidend. Achten Sie deshalb vor allem auf die Frische der Zutaten; natürliche Lebensmittel sind nicht durch Konservierungsstoffe haltbar gemacht und daher nur begrenzt lagerfähig. Verwenden Sie möglichst Lebensmittel aus kontrolliertem Anbau (zum Beispiel »Demeter«- oder »Bioland«-Qualität).

Anis wird aus den getrockneten Samen der Anispflanze gewonnen. Das süßlich aromatische Gewürz ist reich an ätherischen Ölen und verbreitet sein intensives Aroma in gemahlener Form sehr schnell. Deshalb sollten Sie Anis erst vor dem Verwenden zusammen mit dem Getreide mahlen oder im Mörser zerstoßen.

Apfelkraut wird ohne Zusatz von Bindemitteln oder Konservierungsstoffen durch Einkochen von frischen Äpfeln hergestellt. Sie können mit Apfelkraut Plätzchen füllen oder es als Süßungsmittel beim Backen verwenden. Sie erhalten Apfelkraut im Reformhaus oder Naturkostladen.

Backoblaten dienen als Unterlage für Makronen oder Lebkuchen. Im Lebensmittelhandel werden manchmal auch Vollkornoblaten angeboten.

Backpulver wird hauptsächlich zur Lockerung von schweren Teigen verwendet. Da in den herkömmlichen Backpulversorten ein chemischer Säureträger enthalten ist, ist Weinsteinbackpulver für die Vollwertküche vorzuziehen. Es enthält Natron und natürliche Weinsäure.

Biobin ist ein pflanzliches Bindemittel, das aus Johannisbrotkernmehl gewonnen wird. Zum Festigen von Cremes wird Biobin einfach kalt untergerührt. Sie erhalten Biobin im Reformhaus.

Buchweizen gehört zur Familie der Knöterichgewächse. Er enthält viele Vitamine wie B_1, B_2 und Niacin sowie reichlich Mineralstoffe wie Natrium, Kalium, Calcium, Phosphor, Magnesium und Eisen. Besonders wertvoll ist der hohe Gehalt an Lecithin. Sein Geschmack ist kräftig mit einem nußartigen Aroma.

Butter ist ein naturbelassenes, bekömmliches Fett mit niedrigem Schmelzpunkt und einem hohen Anteil an ungesättigten Fettsäuren. Durch die Verwendung von Butter bekommt Gebäck einen besonders feinen Geschmack.

Carobpulver wird aus der Frucht des Johannisbrotbaumes durch Mahlen gewonnen. Carob hat einen süßlichen, kakaoähnlichen Geschmack. Durch seinen Gehalt an Pektin besitzt Carob ein gutes Quellvermögen.

Cashewkerne sind die nierenförmigen Samenkerne einer tropischen Baumfrucht. Cashewkerne haben einen milden mandelähnlichen Geschmack und werden geschält angeboten. Preisgünstiger und ebenso gut sind die Kerne als »Cashewbruch« erhältlich.

Dinkel ist die Urform des Weizens. Mit seinem besonders hohen Kleberanteil und seinem nußartigen Aroma ist er ein wertvolles Getreide für feines Gebäck.

Eier sollten möglichst von freilaufenden Hühnern stammen. In der Vollwertküche sollten Eier nur sparsam verzehrt werden. Für die Rezepte habe ich mittelgroße Eier der Gewichtsklasse 3 (60–65 g) verwendet.

Gewürznelken werden als ganze Knospen oder gemahlen angeboten. Nelkengewürz hat ein sehr intensives, würziges Aroma und sollte deshalb sparsam dosiert werden.

Pfeffernüsse (oben) bekommen ihr feines Aroma vor ▷ allem durch viele Gewürze und Zuckerrübensirup. Rezept Seite 56. Das süßlich-herbe Pomeranzengebäck (unten) wird mit Kürbiskernen und Orangeat in Blütenform verziert. Rezept Seite 31.

Aus der Vollkornbackstube

Hafer gehört wie Gerste und Dinkel zu den Spelzgetreiden. Bevorzugen Sie Nackthafer, der eine spelzenlose Züchtung ist. Grobe oder feine Hafervollkornflocken verleihen dem Gebäck eine besonders nußige Note.

Haselnüsse siehe bitte unter dem Stichwort »Mandeln und Nüsse«.

Hefe besitzt erfahrungsgemäß frisch eine bessere Triebkraft als Trockenhefe. Mit Hilfe der Hefebakterien wird die im Mehl enthaltene Stärke teilweise in Zucker umgewandelt. Der Zucker wird dann in Kohlendioxid und Alkohol aufgespalten. Der Alkohol verdampft beim Backen und treibt zusammen mit dem Kohlendioxid den Teig in die Höhe.

Hirschhornsalz ist Ammoniumcarbonat. Es ist ein Lockerungs- und Triebmittel, das vor allem bei der Lebkuchenbäckerei eine wichtige Rolle spielt.

Hirse gehört zu den mineralstoffreichsten Getreidesorten. Vor allem der Kieselsäuregehalt ist beachtlich. Hirse hat ein würziges Aroma.

Honig ist ein wichtiges Süßungsmittel für die Vollwertküche. Zum Backen können Sie preisgünstige Sorten, wie zum Beispiel Wildblütenhonig, verwenden, da durch das Erhitzen ein Teil der Inhaltsstoffe verloren geht. Akazienhonig eignet sich wegen seines neutralen Geschmacks und seiner hellen Farbe besonders für Gebäcke, bei denen das Honigaroma nicht zu intensiv hervorschmecken soll.

Kardamom ist ein wichtiges Gewürz in der Weihnachtsbäckerei mit feurigem, würzigem Geschmack.

Kokosfett ist ein Fett mit einem hohen Anteil an gesättigten Fettsäuren und sollte deshalb in der Vollwertküche nur sparsam, zum Beispiel für Glasuren, verwendet werden. Im Reformhaus oder Naturkostladen ist ein Kokosfett erhältlich, das nicht chemisch gehärtet ist.

Kokosflocken werden aus dem Fruchtfleisch von Kokosnüssen hergestellt. Selbstgeraspelte frische Kokosflocken haben ein besonders gutes Aroma. Abgepackte Kokosflocken sind nur begrenzt haltbar. Man sollte sie lichtgeschützt und kühl aufbewahren.

Koriander ist ein Gewürz aus den getrockneten Spaltfrüchten, das in gemahlener Form für die Zubereitung von Lebkuchen verwendet wird.

Korinthen sind sehr kleine luftgetrocknete Weintrauben mit intensiv dunkler Farbe.

Lebkuchengewürz ist eine Mischung aus Zimt, Muskatnuß, Nelken, Piment, Anis, Ingwer, Kardamom und Koriander.

Malzextrakt ist ein dickflüssiger Sirup, der durch Einkochen von Gerstensaft gewonnen wird. Aufgrund seines würzigen Geschmacks paßt Malzextrakt besonders gut zu Gewürzgebäcken.

◁ Die Bauernhütchen (oben und unten) können Sie auch nur an einer Stelle über der Füllung zusammendrücken. Rezept Seite 24. Die Nougatplätzchen (in der Mitte) werden aus Makronenmasse gebacken und mit einer feinen Creme gefüllt. Rezept Seite 50.

Aus der Vollkornbackstube

Mandeln und Nüsse besitzen einen hohen Nährwert und spielen eine wichtige Rolle in der Vollwertkost. Durch ihren hohen Fettgehalt werden sie leicht ranzig und sind daher nur begrenzt lagerfähig. Es ist empfehlenswert, Mandeln und Nüsse erst kurz vor dem Gebrauch mit der Mandelmühle frisch zu mahlen.

Mohn wird aus den Samen der Mohnpflanze gewonnen. Gemahlener Mohn wird sehr schnell ranzig, deshalb sollte er nur kurz und kühl gelagert werden.

Muskatblüte (Macis) ist ein Gewürz aus dem getrockneten roten Samenmantel der Muskatnuß.

Muskatnuß ist der Samenkern der Muskatfrucht. Um das frische Gewürzaroma zu erhalten, sollten Sie Muskatnüsse mit einer Muskatreibe frisch reiben. Gemahlene Muskatnuß verliert schnell an Aroma.

Naturreis ist ungeschälter Reis, der Silberhäutchen und Keim noch enthält. Naturreis zeichnet sich durch einen hohen Vitamin-B$_1$-Gehalt aus. Er läßt sich gut in der Getreidemühle mahlen.

Nüsse siehe bitte unter dem Stichwort »Mandeln und Nüsse«.

Orangeat ist die kandierte Schale von bitteren Orangen oder Pomeranzen. Es wird in größeren Stücken oder gewürfelt angeboten. Aufgrund des hohen Zuckergehaltes wird Orangeat nur in kleinen Mengen verwendet. Sie können den Zuckergehalt jedoch reduzieren, indem Sie Orangeat einige Zeit in lauwarmem Wasser einweichen.

Piment (Nelkenpfeffer) sind getrocknete Beeren, die ganz oder gemahlen angeboten werden. Piment verwendet man in gemahlener Form für Gewürzgebäck, Pfefferkuchen und Lebkuchen.

Pinienkerne sind kleine ovale Samenkerne mit nußartigem Geschmack. Sie eignen sich gut zum Verzieren von Plätzchen.

Pistazien sind hellgrüne Kerne mit süßlichem Geschmack und werden hauptsächlich zum Verzieren verwendet.

Reformmargarine ist frei von gehärteten Fetten und enthält je nach Sorte einen unterschiedlich hohen Anteil an ungesättigten Fettsäuren. Wer aus gesundheitlichen Gründen auf tierisches Eiweiß verzichten muß, kann in den Rezepten die Butter durch Reformmargarine ersetzen.

Roggen wird hauptsächlich zum Brotbacken verwendet. Er enthält viele Mineralstoffe wie Kalium, Calcium, Phosphor, Magnesium und Eisen. Für die Weihnachtsbäckerei wird aus Roggen auch Lebkuchenteig hergestellt.

Rosenwasser ist ein Kondensat, das bei der Herstellung von Rosenöl entsteht. Ich verwende es vor allem zum Aromatisieren von Honigmarzipan. Rosenwasser bekommen Sie in der Apotheke.

Rosinen oder Sultaninen sind luftgetrocknete Weintrauben. Farbe und Geschmack richten sich nach der Sorte und dem Anbaugebiet. Kalifornische Rosinen haben eine blau-schwarze Farbe und ein besonders intensives Aroma. Sie sollten ungeschwefelt sein.

Sesamsamen haben geröstet einen besonders nussigen Geschmack. Sie sind die Samen der Sesampflanze.

Aus der Vollkornbackstube

Trockenfrüchte sind luftgetrocknete Äpfel, Birnen, Aprikosen, Feigen, Weintrauben sowie Datteln und wichtige Zutaten für die Weihnachtsbäckerei. Sie verleihen dem Gebäck ein fruchtiges Aroma und sind ein natürliches Süßungsmittel. Gerade in der Vorweihnachtszeit gibt es ein reichhaltiges Angebot an ungeschwefelten Trockenfrüchten aus neuer Ernte.

Vanilleschoten sind die getrockneten Früchte einer Orchideenart. Von der Schote wird das Innere, das Vanillemark, verwendet. Gemahlene Vanille, die es in Reformhäusern und Naturkostläden zu kaufen gibt, wird aus den ganzen Schoten hergestellt.

Weizen ist durch seinen hohen Anteil an Klebereiweiß die idealste Getreidesorte zum Backen.

Zimt wird aus der Rinde des Zimtbaumes gewonnen und zählt zu den wichtigsten Weihnachtsgewürzen. Zimt wird in Stangenform oder gemahlen angeboten. Ceylonzimt schmeckt aromatischer als der aus China stammende Kassiazimt.

Zitrusfrüchte sind unter anderem Zitronen und Orangen und sollten mit unbehandelter Schale gekauft werden. Wenn Sie die Schale verwenden, die Früchte trotzdem zuvor mit heißem Wasser abwaschen und gründlich trockenreiben.

Zitronat ist die kandierte Schale der Zedrat-Zitrone. Das aus den unreifen Früchten hergestellte Zitronat hat eine intensiv grüne Farbe und ein süßlich-würziges Aroma. Es ist in größeren Stücken oder gewürfelt erhältlich. Aufgrund des hohen Zuckergehaltes wird es nur in kleinen Mengen verwendet. Sie können den Zuckergehalt reduzieren, indem Sie Zitronat einige Zeit in lauwarmem Wasser einweichen.

Zuckerrohrgranulat ist der getrocknete Pflanzensaft des Zuckerrohres, bei dem Vitamine und Mineralstoffe noch weitgehend erhalten sind. Im Vergleich zu Honig wird das Gebäck durch die Verwendung von Zuckerrohrgranulat knuspriger. Das Granulat ist im Reformhaus erhältlich.

Zuckerrübensirup wird in einem schonenden Vakuumverfahren bei 60° aus Zuckerrübensaft zu Sirup eingedickt. Achten Sie beim Einkauf auf unraffinierten Sirup aus kontrolliertem Anbau.

Knusprige Kekse aus Mürbeteig

Jedes Jahr komme ich von meinem vorweihnachtlichen Stadtbummel mit ein paar neuen Ausstechformen nach Hause. So ist mit der Zeit eine stattliche Sammlung der verschiedensten Formen entstanden. Was wäre diese festliche Zeit auch ohne all diese »altmodischen« Engel, Tannenbäume, Herzen und Vögel aus butterzartem Mürbeteig.

Mürbeteig kann auf verschiedene Weise hergestellt werden. Sehr schnell geht diese Methode: Aus weicher Butter, Honig oder Zuckerrohrgranulat und Eiern eine Schaummasse rühren. Die restlichen Zutaten mit einem Rührlöffel untermengen und den Teig anschließend mit der Hand kurz durchkneten. Der geschmeidige Teig sollte mindestens 1 Stunde zugedeckt im Kühlschrank ruhen, bevor er weiterverarbeitet wird. Für Mürbeteig verwenden Sie am besten möglichst fein gemahlenes Vollkornmehl. Dadurch ist der Teig besser gebunden, und das Ausrollen und Formen geht viel leichter.

Himmlische Marzipansterne

Zutaten für etwa 40 Stück (1 Backblech):
125 g kalte Butter · 1 Teel. Weinsteinbackpulver · 100 g Dinkel, fein gemahlen · 100 g Weizen, fein gemahlen · 1 Prise gemahlener Kardamom · 1 Prise Meersalz · 1 Eßl. eiskaltes Wasser · 2 Eßl. Sahne · 1 Eßl. Honig
Für den Belag: 50 g getrocknete ungeschwefelte Birnen · abgeriebene Schale von 1 unbehandelten Zitrone · 100 g Honigmarzipan (siehe Grundrezept Seite 99) · 1 Eiweiß · 1 Prise Meersalz · 4 gehäufte Eßl. Mandeln, frisch gemahlen
Zum Bestreichen: 1 Eigelb · 2 Eßl. Milch
Für das Backblech: Backtrennpapier
Für die Arbeitsfläche: etwas Mehl

Pro Stück etwa 290 kJ/69 kcal
1 g Eiweiß · 5 g Fett · 6 g Kohlenhydrate ·
1 g Ballaststoffe

Vorbereitungszeit: etwa 20 Minuten
Ruhezeit: etwa 1 Stunde
Fertigstellung: etwa 40 Minuten
Backzeit: etwa 15 Minuten

* Die Butter in kleine Würfel schneiden.
* Das Backpulver mit dem Dinkel- und dem Weizenvollkornmehl vermischen. Die Butter, den Kardamom und das Salz dazugeben. Diese Zutaten mit den Händen so lange vermengen, bis feine Brösel entstehen. Zuletzt das Wasser, die Sahne und den Honig hinzufügen und alles zu einem geschmeidigen Teig verkneten.
* Den Teig im Kühlschrank etwa 1 Stunde ruhen lassen.
* Für den Belag die Birnen in sehr kleine Stückchen schneiden. Die Zitronenschale und die Birnen gründlich unter das Honigmarzipan mengen.
* Das Eiweiß mit dem Salz sehr steif schlagen. Die Mandeln und die Marzipanmasse zum Eiweiß geben und alles gut miteinander verrühren.
* Den Backofen auf 180° vorheizen. Ein Backblech mit Backtrennpapier auslegen.

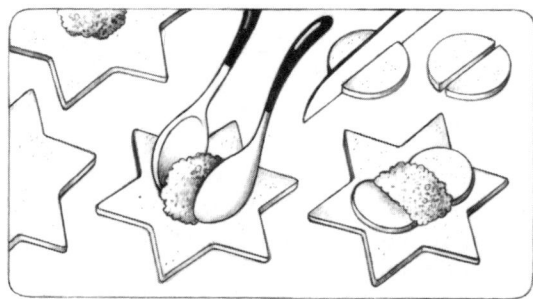

Die Sterne aus Butterteig werden mit Honigmarzipan und eventuell noch kleinen Teigresten verziert.

Knusprige Kekse aus Mürbeteig

* Den Butterteig auf der leicht bemehlten Arbeitsfläche etwa 3 mm dünn ausrollen und Sterne von etwa 5 cm ⌀ ausstechen. Die Sterne auf das Backblech setzen.

* Das Eigelb mit der Milch verquirlen und die Sterne damit bestreichen.

* Mit Hilfe von zwei Teelöffeln kleine Häufchen von der Marzipanmasse abstechen und in die Mitte der Sterne setzen.

* Das Backblech in den Backofen (Mitte) schieben, und die Marzipansterne in etwa 15 Minuten goldgelb backen.

Variante: Als zusätzliche Verzierung können Sie noch kleine Kreise (etwa 2 cm ⌀) aus dem Butterteig ausstechen. Die Kreise halbieren und jeweils zwei Hälften in eine Marzipanhaube stecken. Mit der Eigelb-Milchmischung bestreichen und wie beschrieben backen.

Feines Buttergebäck

Wenn ich in der Adventszeit die Ausstechformen hervorhole, dann sind auch die alten Formen aus Schwarzblech von meiner Urgroßmutter Veronika dabei. Sie hat damals das Weihnachtsgebäck noch im alten Holzofen gebacken. Früh morgens wurde mit langen Holzscheiten der Ofen angeheizt. Nachdem die Brotlaibe für die Woche gebacken waren, schob man das Kleingebäck in großen Mengen in den Ofen. Doch erst zu Heilig Abend durfte die große Kinderschar das erste Gebäck kosten.

Zutaten für etwa 90 Stück (2 ½ Backbleche):
160 g weiche Butter · 90 g Zuckerrohr-
granulat · 3 Eigelbe · 1 Eßl. Zitronensaft ·
1 Prise Meersalz · 250 g Weizen, fein gemahlen
Zum Bestreichen: 1 Eiweiß
Für das Backblech: Backtrennpapier

Für die Arbeitsfläche: etwas Mehl
Pro Stück etwa 120 kJ/29 kcal
0 g Eiweiß · 2 g Fett · 3 g Kohlenhydrate ·
0 g Ballaststoffe

Vorbereitungszeit: etwa 15 Minuten
Ruhezeit: etwa 1 Stunde
Fertigstellung: etwa 15 Minuten
Backzeit pro Blech: 10–12 Minuten

* Die Butter mit dem Granulat und den Eigelben schaumig rühren. Den Zitronensaft und das Salz dazugeben. Das Weizenvollkornmehl unter die Schaummasse rühren.

* Den geschmeidigen Teig zugedeckt etwa 1 Stunde im Kühlschrank ruhen lassen.

* Ein Backblech mit Backtrennpapier auslegen. Den Backofen auf 200° vorheizen.

* Den Teig auf der leicht bemehlten Arbeitsfläche kurz durchkneten und etwa 3 mm dick ausrollen. Verschiedene weihnachtliche Formen ausstechen und auf das Backblech legen.

* Das Eiweiß leicht verquirlen und die Plätzchen damit bestreichen.

* Das Backblech in den Backofen (Mitte) schieben, und die Plätzchen in 10–12 Minuten goldgelb backen.

Cashew-Marzipangebäck

Zutaten für etwa 30 Stück (2 Backbleche):
70 g Butter · 185 g Weizen, fein gemahlen ·
1 Prise Meersalz · 125 g saure Sahne
Zum Bestreichen: 1 Eigelb · 1 Eßl. Milch
Zum Verzieren: 50 g Cashewbruch
Für die Füllung: 25 g Cashewbruch ·
100 g Honigmarzipan (siehe Grundrezept
Seite 99) · 3–4 Eßl. Honig
Für das Backblech: Backtrennpapier
Für die Arbeitsfläche: etwas Mehl

Knusprige Kekse aus Mürbeteig

Pro Stück etwa 290 kJ/69 kcal
2 g Eiweiß · 4 g Fett · 7 g Kohlenhydrate ·
1 g Ballaststoffe

Vorbereitungszeit: etwa 15 Minuten
Ruhezeit: etwa 1 Stunde
Fertigstellung: etwa 30 Minuten
Backzeit pro Blech: 20–25 Minuten

✳ Die Butter in kleine Würfel schneiden. Das Weizenvollkornmehl, die Butter, das Salz und die saure Sahne in eine Rührschüssel geben und zu einem geschmeidigen Teig verkneten.
✳ Den Teig zugedeckt etwa 1 Stunde im Kühlschrank ruhen lassen.
✳ Ein Backblech mit Backtrennpapier auslegen. Den Backofen auf 180° vorheizen.
✳ Den Teig auf der leicht bemehlten Arbeitsfläche durchkneten und messerrückendick ausrollen. Runde Plätzchen von etwa 4 cm Ø ausstechen und auf das Backblech legen.
✳ Das Eigelb mit der Milch verquirlen. Die Hälfte der Plätzchen damit bestreichen und mit den Cashewkernen verzieren.
✳ Das Backblech in den Backofen (Mitte) schieben, und die Plätzchen in 20–25 Minuten goldgelb backen.
✳ Das Gebäck sofort vom Backblech nehmen und auf einem Kuchengitter auskühlen lassen.
✳ Für die Füllung die Cashewkerne fein hacken und mit dem Honigmarzipan verkneten. Das Cashewmarzipan zwischen zwei Plastikfolien 2–3 mm dick ausrollen und runde Scheiben von etwa 4 cm Ø ausstechen.
✳ Den Honig in einen kleinen Topf geben und bei schwacher Hitze leicht erwärmen.
✳ Jeweils ein unverziertes Plätzchen dünn mit Honig bestreichen, eine Marzipanscheibe darauflegen und etwas andrücken. Die Unterseite eines mit Cashewkernen verzierten Plätzchens ebenfalls mit Honig bestreichen und auf die Marzipanscheibe setzen.

Haferplätzchen

Zutaten für etwa 70 Stück (2 Backbleche):
210 g weiche Butter · 100 g feine Hafer-
vollkornflocken · 1 Ei · 100 g Zuckerrohr-
granulat · 1 Teel. gemahlene Vanille ·
250 g Weizen, fein gemahlen
Für das Backblech: Backtrennpapier
Für die Arbeitsfläche: etwas Mehl
Pro Stück etwa 190 kJ/45 kcal
1 g Eiweiß · 3 g Fett · 4 g Kohlenhydrate ·
1 g Ballaststoffe

Vorbereitungszeit: etwa 25 Minuten
Ruhezeit: etwa 1 Stunde
Fertigstellung: etwa 10 Minuten
Backzeit pro Blech: etwa 12 Minuten

✳ 30 g Butter in eine Pfanne geben und erhitzen. Die Haferflocken dazugeben und unter ständigem Rühren goldgelb rösten. Die Haferflocken auf einem Teller abkühlen lassen.
✳ Das Ei mit der restlichen Butter, dem Granulat und der Vanille schaumig rühren. Die Haferflocken und das Weizenvollkornmehl unterkneten.
✳ Den Teig zugedeckt etwa 1 Stunde im Kühlschrank ruhen lassen.
✳ Den Backofen auf 200° vorheizen. Ein Backblech mit Backtrennpapier auslegen.
✳ Den Teig auf der leicht bemehlten Arbeitsfläche 4–5 mm dick ausrollen. Mit einem Teigrädchen kleine Rechtecke von etwa 2 × 6 cm ausschneiden. Die Haferplätzchen auf das Backblech legen.
✳ Das Backblech in den Backofen (Mitte) schieben, und die Plätzchen in etwa 12 Minuten goldbraun backen.

Knusprige Kekse aus Mürbeteig

Mürbe Dattelschnitten

Dieses Gebäck schmeckt auch lauwarm – mit einem Sahnetupfer serviert – ganz hervorragend.

Zutaten für etwa 65 Stücke (1 Backblech):
150 g kalte Butter · 200 g Naturreis, fein gemahlen · 100 g Weizen, fein gemahlen · ¼ Teel. gemahlener Anis · 1 Prise Meersalz · 15 g frische Hefe · 2 Eßl. Milch · 2 Eßl. Honig
Für die Füllung: 120 g getrocknete Datteln (ohne Stein) · 125 g Sahne · 150 g Mandeln, frisch gemahlen · 1 Teel. Zimtpulver · 2 Eßl. Zitronensaft · 80 g Honig
Zum Bestreichen: 1 Eigelb · 1 Eßl. Milch
Für das Backblech: Backtrennpapier
Für die Arbeitsfläche: etwas Mehl
Pro Stück etwa 270 kJ/64 kcal
1 g Eiweiß · 4 g Fett · 6 g Kohlenhydrate · 1 g Ballaststoffe

Vorbereitungszeit: etwa 30 Minuten
Ruhezeit: etwa 1 Stunde
Fertigstellung: etwa 15 Minuten
Backzeit: etwa 25 Minuten

✳ Die Butter in kleine Würfel schneiden und in eine Rührschüssel geben. Das Reis- und das Weizenvollkornmehl, den Anis und das Salz dazugeben und mit den Händen so lange vermengen, bis feine Brösel entstehen.
✳ Die Hefe in der Milch auflösen und zu den Bröseln geben. Den Honig hinzufügen und alles zu einem geschmeidigen Teig verkneten.
✳ Den Teig zugedeckt etwa 1 Stunde im Kühlschrank ruhen lassen.
✳ Inzwischen für die Füllung die Datteln in kleine Stückchen schneiden.
✳ Die Sahne, die Mandeln, den Zimt, den Zitronensaft und den Honig gründlich miteinander verrühren. Zuletzt die Datteln untermengen.

✳ Ein Backblech mit Backtrennpapier auslegen. Den Backofen auf 200° vorheizen.
✳ Den Teig auf der leicht bemehlten Arbeitsfläche kurz durchkneten und halbieren. Jede Teighälfte zu einem etwa 22 × 36 cm großen Rechteck ausrollen.
✳ Ein Rechteck auf das Backblech legen und mit der Füllung bestreichen. Das zweite Rechteck darauflegen, die Ränder zusammendrücken.
✳ Das Eigelb mit der Milch verquirlen und die Teigdecke damit bestreichen.
✳ Das Backblech in den Backofen (Mitte) schieben, und den Kuchen in etwa 25 Minuten goldgelb backen.
✳ Die Kuchenplatte in etwa 3 × 4 cm große Schnitten schneiden und auf einem Kuchengitter auskühlen lassen.

Husarenkrapfen

Zutaten für etwa 35 Stück (1 Backblech):
75 g weiche Butter · 40 g Honig · 1 Eigelb · 1 Prise Meersalz · 40 g Mandeln, frisch gemahlen · 100 g Weizen, fein gemahlen
Zum Verzieren: 1 Eiweiß · etwa 60 g Haselnußkerne, frisch gemahlen · 2–3 Eßl. honiggesüßte Marmelade (zum Beispiel Himbeermarmelade)
Für das Backblech: Backtrennpapier
Pro Stück etwa 230 kJ/55 kcal
1 g Eiweiß · 4 g Fett · 4 g Kohlenhydrate · 1 g Ballaststoffe

Vorbereitungszeit: etwa 10 Minuten
Ruhezeit: etwa 30 Minuten
Fertigstellung: etwa 20 Minuten
Backzeit: etwa 15 Minuten

✳ Die Butter mit dem Honig, dem Eigelb und dem Salz schaumig rühren. Die Mandeln und das Weizenvollkornmehl unterkneten.

Knusprige Kekse aus Mürbeteig

* Den Teig zugedeckt etwa 30 Minuten im Kühlschrank ruhen lassen.
* Ein Backblech mit Backtrennpapier auslegen. Den Backofen auf 180° vorheizen.
* Aus dem Teig kirschgroße Kugeln formen, mit dem Eiweiß bestreichen und in den Haselnüssen wälzen.
* Die Kugeln auf das Backblech setzen. Mit dem Finger oder dem Kochlöffelstiel in jedes Plätzchen eine Vertiefung drücken und diese mit der Marmelade füllen.
* Das Backblech in den Backofen (Mitte) schieben, und die Husarenkrapfen etwa 15 Minuten backen, bis sie etwas Farbe angenommen haben.

Irisches Teegebäck

Dieses Rezept stammt von meiner irischen Freundin Helen. In Irland weiß man sich viele mystische Geschichten von Kobolden und guten Feen zu erzählen. Die Tasse Tee und ein leckeres Gebäck gehören dazu.

Zutaten für etwa 50 Stück (1 ½ Backbleche):
1 Ei · 60 g Zuckerrohrgranulat · 125 g Butter ·
1 Prise Meersalz · 1 Teel. abgeriebene Schale von 1 unbehandelten Orange · 40 g Mandeln, frisch gemahlen · 170 g Weizen, fein gemahlen · ½ Teel. Weinsteinbackpulver
Zum Verzieren: 2 Eßl. Mandeln, fein gehackt
Für das Backblech: Backtrennpapier
Pro Stück etwa 100 kJ/24 kcal
1 g Eiweiß · 1 g Fett · 3 g Kohlenhydrate ·
1 g Ballaststoffe

Vorbereitungszeit: etwa 15 Minuten
Ruhezeit: etwa 1 Stunde
Fertigstellung: etwa 10 Minuten
Backzeit pro Blech: 12–15 Minuten

* Das Ei, das Granulat und die Butter zu einer cremigen Masse rühren. Das Salz, die Orangenschale und die Mandeln unterrühren. Das Weizenvollkornmehl mit dem Backpulver vermischen und mit einem Rührlöffel unter die Masse heben.
* Den geschmeidigen Teig zugedeckt etwa 1 Stunde im Kühlschrank ruhen lassen.
* Ein Backblech mit Backtrennpapier auslegen. Den Backofen auf 200° vorheizen.
* Den Teig halbieren und zwei Rollen von etwa 4 cm Ø formen. Die Teigrollen in den Mandeln wälzen. Die Rollen in etwa 4 mm dicke Scheiben schneiden und auf das Backblech legen.
* Das Backblech in den Backofen (Mitte) schieben, und die Plätzchen in 12–15 Minuten knusprig backen.

Christgebäck

Zutaten für etwa 60 Stück (2 Backbleche):
120 g weiche Butter · 50 g Zuckerrohrgranulat 2 hartgekochte Eigelbe · abgeriebene Schale von ½ unbehandelten Zitrone · 180 g Weizen, fein gemahlen
Zum Bestreichen: 1 Eiweiß
Zum Verzieren: etwa 25 g Zitronat · etwa 30 g Mandelsplitter
Für das Backblech: Backtrennpapier
Für die Arbeitsfläche: etwas Mehl
Pro Stück etwa 140 kJ/33 kcal
1 g Eiweiß · 3 g Fett · 3 g Kohlenhydrate ·
0 g Ballaststoffe

Vorbereitungszeit: etwa 15 Minuten
Ruhezeit: etwa 1 Stunde
Fertigstellung: etwa 25 Minuten
Backzeit pro Blech: 10–12 Minuten

* Die Butter, das Granulat, die Eigelbe und die Zitronenschale in eine Rührschüssel geben und

cremig rühren. Das Weizenvollkornmehl dazugeben und unterkneten.

✳ Den Teig zugedeckt etwa 1 Stunde im Kühlschrank ruhen lassen.

✳ Ein Backblech mit Backtrennpapier auslegen. Den Backofen auf 200° vorheizen.

✳ Den Teig auf der leicht bemehlten Arbeitsfläche gut durchkneten und etwa 3 mm dick ausrollen. Sterne von etwa 6 cm ⌀ ausstechen und auf das Backblech legen.

✳ Das Eiweiß leicht verquirlen und die Plätzchen damit bestreichen. In die Mitte jedes Plätzchens ein Stückchen Zitronat legen und sternförmig mit den Mandelsplittern umlegen.

✳ Das Backblech in den Backofen (Mitte) schieben, und das Christgebäck in 10–12 Minuten goldgelb backen.

Sesamsterne

Die verschiedenen Weihnachtsformen haben ursprünglich symbolischen Charakter. Gebäcke in Sternenform sollten Licht in die Finsternis bringen.

Zutaten für etwa 50 Stück (2 Backbleche):
etwa 30 g Sesamsamen · 120 g weiche Butter ·
80 g Honig · 1 Eigelb · ½ Teel. Weinstein-
backpulver · 200 g Weizen, fein gemahlen
Zum Bestreichen: 1 Eiweiß
Für das Backblech: Backtrennpapier
Für die Arbeitsfläche: etwas Mehl
Pro Stück etwa 170 kJ/40 kcal
1 g Eiweiß · 3 g Fett · 4 g Kohlenhydrate ·
1 g Ballaststoffe

Vorbereitungszeit: etwa 25 Minuten
Ruhezeit: etwa 1½ Stunden
Fertigstellung: etwa 15 Minuten
Backzeit pro Blech: etwa 15 Minuten

✳ Den Sesam in einer trockenen Pfanne leicht anrösten. Danach auf einem Teller auskühlen lassen.

✳ Die Butter, den Honig und das Eigelb in eine Rührschüssel geben und schaumig schlagen. Das Backpulver mit dem Weizenvollkornmehl mischen und unter die Schaummasse kneten.

✳ Den geschmeidigen Teig etwa 1½ Stunden im Kühlschrank ruhen lassen.

✳ Ein Backblech mit Backtrennpapier auslegen. Den Backofen auf 200° vorheizen.

✳ Den Teig auf der leicht bemehlten Arbeitsfläche kurz durchkneten und etwa 3 mm dick ausrollen. Sterne von etwa 6 cm ⌀ ausstechen und auf das Backblech legen.

✳ Das Eiweiß leicht verquirlen und die Sterne damit bestreichen. Jedes Plätzchen großzügig mit den Sesamsamen bestreuen.

✳ Das Backblech in den Backofen (Mitte) schieben, und die Sesamsterne in etwa 15 Minuten goldgelb backen.

✳ Die Plätzchen sofort vom Backblech nehmen und auf einem Kuchengitter auskühlen lassen.

Brüsseler Mandelplätzchen

Zutaten für etwa 70 Stück (2 Backbleche):
120 g weiche Butter · 1 Eigelb · 90 g
Zuckerrohrgranulat · 60 g Mandeln, fein
gehackt · 125 g Weizen, fein gemahlen ·
½ Teel. Hirschhornsalz · 1 Eßl. Milch
Zum Bestreichen: 1 Eigelb · 1 Eßl. Sahne
Für das Backblech: Backtrennpapier
Für die Arbeitsfläche: etwas Mehl
Pro Stück etwa 130 kJ/31 kcal
1 g Eiweiß · 2 g Fett · 2 g Kohlenhydrate ·
0 g Ballaststoffe

Vorbereitungszeit: etwa 15 Minuten
Ruhezeit: 12–14 Stunden (über Nacht)

Knusprige Kekse aus Mürbeteig

Fertigstellung: etwa 10 Minuten
Backzeit pro Blech: 15–18 Minuten

* Die Butter, das Eigelb und das Granulat in einer Rührschüssel schaumig schlagen. Die Mandeln und das Weizenvollkornmehl hinzufügen und unterkneten.
* Zuletzt das Hirschhornsalz in der Milch auflösen und unter den Teig mischen.
* Den Teig auf der leicht bemehlten Arbeitsfläche leicht durchkneten und zwei Rollen von etwa 3 cm Ø formen.
* Die Teigrollen zugedeckt über Nacht im Kühlschrank ruhen lassen.
* Ein Backblech mit Backtrennpapier auslegen. Den Backofen auf 200° vorheizen.
* Die Teigrollen in etwa ½ cm dicke Scheiben schneiden und auf das Backblech legen.
* Das Eigelb mit der Sahne verquirlen und die Plätzchen damit bestreichen.
* Das Backblech in den Backofen (Mitte) schieben, und die Mandelplätzchen in 15–18 Minuten knusprig backen.

Pfauenaugen

Zutaten für etwa 35 Stück (1 Backblech):
90 g weiche Butter · 1 Eigelb · 1 Eßl. Honig ·
¼ Teel. gemahlene Vanille · 1 Teel. Rosenwasser · 150 g Weizen, fein gemahlen
Für den Belag: 125 g Honigmarzipan (siehe Grundrezept Seite 99) · 1 Eiweiß · ½ Teel. abgeriebene Schale von 1 unbehandelten Orange · 3–4 Eßl. honiggesüßte rote Marmelade
Für das Backblech: Backtrennpapier
Für die Arbeitsfläche: etwas Mehl
Pro Stück etwa 260 kJ/62 kcal
1 g Eiweiß · 4 g Fett · 6 g Kohlenhydrate ·
1 g Ballaststoffe

Vorbereitungszeit: etwa 15 Minuten
Ruhezeit: etwa 1 Stunde
Fertigstellung: etwa 30 Minuten
Backzeit: 12–15 Minuten

* Die Butter, das Eigelb, den Honig, die Vanille und das Rosenwasser in eine Rührschüssel geben und schaumig rühren. Das Weizenvollkornmehl hinzufügen und untermengen.
* Den Teig zugedeckt etwa 1 Stunde im Kühlschrank ruhen lassen.
* Ein Backblech mit Backtrennpapier auslegen.
* Den Teig auf der leicht bemehlten Arbeitsfläche kurz durchkneten und etwa 3 mm dick ausrollen. Aus dem Teig runde Plätzchen von 4–5 cm Ø ausstechen und auf das Backblech legen.
* Den Backofen auf 200° vorheizen.
* Für den Belag das Honigmarzipan zerbröseln und mit dem Eiweiß und der Orangenschale zu einer geschmeidigen Masse verrühren.
* Die Marzipanmasse in eine Spritztülle füllen und einen Kranz auf jedes Plätzchen spritzen. In die Mitte jeweils etwas Marmelade geben.
* Das Backblech in den Backofen (Mitte) schieben, und die Plätzchen in 12–15 Minuten goldgelb backen.

Dattelspiralen
Bild Seite 27

Zutaten für etwa 70 Stück (2 Backbleche):
120 g weiche Butter · 50 g Honig · 1 Ei ·
1 Prise Meersalz · 250 g Weizen, fein gemahlen
Für die Füllung: 100 g getrocknete Datteln (ohne Stein) · 1 Eiweiß · 50 g Honig ·
1 Eßl. Kirschwasser oder Rosenwasser ·
2 Teel. Kakaopulver · 1 Teel. Zimtpulver ·
120 g Mandeln, frisch gemahlen

Knusprige Kekse aus Mürbeteig

Für das Backblech: Backtrennpapier
Für die Arbeitsfläche: etwas Mehl
Pro Stück etwa 190 kJ/45 kcal
1 g Eiweiß · 3 g Fett · 4 g Kohlenhydrate ·
1 g Ballaststoffe

Vorbereitungszeit: etwa 50 Minuten
Ruhezeiten: etwa 2 Stunden
Backzeit pro Blech: etwa 15 Minuten

✳ Die Butter, den Honig, das Ei und das Salz in eine Rührschüssel geben und schaumig schlagen. Das Weizenvollkornmehl dazugeben und unterkneten.

✳ Den Teig zugedeckt etwa 30 Minuten in den Kühlschrank legen.

✳ Inzwischen für die Füllung die Datteln in kleine Stückchen schneiden.

✳ Das Eiweiß sehr steif schlagen. Den Honig dazugeben und cremig rühren. Das Kirschwasser oder das Rosenwasser, den Kakao, den Zimt und die Mandeln hinzufügen und untermengen. Zuletzt die Datteln untermischen.

✳ Den Teig auf der leicht bemehlten Arbeitsfläche kurz durchkneten. Den Teig halbieren und jedes Teil zu einem etwa 20 × 32 cm großen Rechteck ausrollen.

✳ Die Füllung gleichmäßig auf den Teigplatten verstreichen. Beide Längsseiten jeweils bis zur Mitte aufrollen und leicht zusammendrücken.

✳ Die Teigrollen zugedeckt für etwa 1½ Stunden in den Kühlschrank legen.

✳ Ein Backblech mit Backtrennpapier auslegen. Den Backofen auf 200° vorheizen.

✳ Die Doppelrollen in 4–5 mm dicke Scheiben schneiden und auf das Backblech legen.

✳ Das Backblech in den Backofen (Mitte) schieben, und die Dattelspiralen in etwa 15 Minuten hellbraun backen.

Tiroler Anisgebäck

Zutaten für etwa 50 Stück (1½ Backbleche):
120 g weiche Butter · 80 g Honig · 2 Eigelbe ·
1 Prise Meersalz · ½ Teel. gemahlener Anis ·
150 g Mandeln, frisch gemahlen · 50 g Hirse,
fein gemahlen · 100 g Weizen, fein gemahlen
Zum Bestreichen: 1 Eiweiß
Zum Bestreuen: etwa 1 Eßl. Anissamen
Für das Backblech: Backtrennpapier
Für die Arbeitsfläche: etwas Mehl
Pro Stück etwa 220 kJ/52 kcal
1 g Eiweiß · 4 g Fett · 3 g Kohlenhydrate ·
1 g Ballaststoffe

Vorbereitungszeit: etwa 15 Minuten
Ruhezeit: etwa 1 Stunde
Fertigstellung: etwa 10 Minuten
Backzeit pro Blech: etwa 15 Minuten

✳ Die Butter, den Honig, die Eigelbe, das Salz und den Anis in eine Rührschüssel geben und schaumig rühren. Die Mandeln, das Hirse- und das Weizenvollkornmehl hinzufügen und untermengen.

✳ Den geschmeidigen Teig zugedeckt etwa 1 Stunde im Kühlschrank ruhen lassen.

✳ Ein Backbleck mit Backtrennpapier auslegen. Den Backofen auf 200° vorheizen.

✳ Den Teig auf der leicht bemehlten Arbeitsfläche kurz durchkneten und eine Rolle von etwa 4 cm Ø formen. Die Teigrolle in etwa ½ cm dicke Plätzchen schneiden und auf das Backblech legen.

✳ Das Eiweiß leicht verquirlen und die Plätzchen damit bestreichen. Zuletzt die Oberfläche mit etwas Anis bestreuen.

✳ Das Backblech in den Backofen (Mitte) schieben, und das Anisgebäck in etwa 15 Minuten knusprig backen.

Knusprige Kekse aus Mürbeteig

Mokkaherzchen

Zutaten für etwa 40 Stück (2 Backbleche):
Für die Füllung: 70 g weiche Butter · 2 Eßl.
Honig · 1 Eigelb · 1 Eßl. starker kalter Kaffee ·
2 Eßl. Mandeln, frisch gemahlen · 2 Teel. Kakao-
pulver
Für den Teig: 150 g weiche Butter · 4 Eßl.
Honig · 4 Eßl. Sahne · 1 Teel. Weinstein-
backpulver · 300 g Weizen, fein gemahlen
Für das Backblech: Backtrennpapier
Für die Arbeitsfläche: etwas Mehl
Pro Stück etwa 350 kJ/83 kcal
2 g Eiweiß · 6 g Fett · 7 g Kohlenhydrate ·
1 g Ballaststoffe

Vorbereitungszeit: etwa 40 Minuten
Ruhezeit: etwa 1 Stunde
Backzeit pro Blech: etwa 12 Minuten
Fertigstellung: etwa 20 Minuten

✳ Für die Füllung die Butter mit dem Honig und
dem Eigelb mit den Quirlen des Handrührgerätes auf höchster Schaltstufe schaumig rühren.
Nach und nach den Kaffee dazugeben. Zuletzt
die Mandeln und den Kakao unterrühren.
✳ Die Mokkacreme abdecken und in den Kühlschrank stellen.
✳ Für den Mürbeteig die Butter mit dem Honig
und der Sahne schaumig rühren. Das Backpulver mit dem Weizenvollkornmehl vermischen
und unter die Schaummasse mengen.
✳ Den Teig zugedeckt etwa 1 Stunde im Kühlschrank ruhen lassen.
✳ Ein Backblech mit Backtrennpapier auslegen. Den Backofen auf 200° vorheizen.
✳ Den Teig auf der leicht bemehlten Arbeitsfläche gut durchkneten und messerrückendick
ausrollen. Etwa 4 cm große Herzen ausstechen
und mit genügend großem Abstand auf das
Backblech setzen.
✳ Das Backblech in den Backofen (Mitte)

schieben, und die Plätzchen in etwa 12 Minuten
knusprig backen.
✳ Die Herzen auf einem Kuchengitter auskühlen lassen.
✳ Je 1 Plätzchen mit Mokkacreme bestreichen
und ein zweites Plätzchen daraufsetzen.
✳ Die Mokkaherzchen kühl und nicht zu lange
aufbewahren.

Tip: Damit die Mokkacreme beim Zubereiten
nicht gerinnt, ist es wichtig, daß alle Zutaten die
gleiche Temperatur haben.

Flachswickel

Die Bezeichnung »Flachswickel« soll von der ursprünglich gelben Farbe dieses Mürbeteigge-
bäckes stammen. Es paßt gut zu Tee oder Wein.

Zutaten für etwa 45 Stück (1½ Backbleche):
20 g frische Hefe · 2 Eßl. lauwarme Milch ·
125 g weiche Butter · 1 Ei · 1 Prise Meersalz ·
250 g Weizen, fein gemahlen
Zum Verzieren: etwa 50 g Zuckerrohrgranulat
Für das Backblech: Backtrennpapier
Für die Arbeitsfläche: etwas Mehl
Pro Stück etwa 190 kJ/45 kcal
1 g Eiweiß · 3 g Fett · 5 g Kohlenhydrate ·
1 g Ballaststoffe

Vorbereitungszeit: etwa 20 Minuten
Ruhezeit: etwa 1 Stunde
Fertigstellung: etwa 25 Minuten
Backzeit pro Blech: etwa 20 Minuten

✳ Die Hefe in der Milch auflösen.
✳ Die Butter mit dem Ei und dem Salz schaumig rühren. Das Weizenvollkornmehl und die
Hefe mit einem Rührlöffel unter die Schaummasse rühren.

Knusprige Kekse aus Mürbeteig

✳ Den geschmeidigen Teig zugedeckt etwa 1 Stunde im Kühlschrank ruhen lassen.
✳ Ein Backblech mit Backtrennpapier auslegen. Den Backofen auf 200° vorheizen.
✳ Den Teig auf der leicht bemehlten Arbeitsfläche gut durchkneten. Etwa 10 cm lange kleinfingerdicke Röllchen aus dem Teig formen und in dem Granulat wälzen. Die Röllchen in Hufeisenform auf das Backblech setzen.
✳ Das Backblech in den Backofen (Mitte) schieben, und die Flachswickel in etwa 20 Minuten knusprig backen.

Badener Brötchen

Brötchen oder »Brödle« ist die badische Bezeichnung für weihnachtliches Kleingebäck.

Zutaten für etwa 70 Stück (2 Backbleche):
100 g weiche Butter · 120 g Honig · 1 Ei ·
200 g Mandeln, frisch gemahlen · 250 g Weizen, fein gemahlen
Zum Bestreichen: 1 Eiweiß
Zum Bestreuen: 2–3 Eßl. Mandelsplitter ·
1 Eßl. Zuckerrohrgranulat · 1 Teel. Zimtpulver
Für das Backblech: Backtrennpapier
Für die Arbeitsfläche: etwas Mehl
Pro Stück etwa 210 kJ/50 kcal
1 g Eiweiß · 3 g Fett · 4 g Kohlenhydrate ·
1 g Ballaststoffe

Vorbereitungszeit: etwa 10 Minuten
Ruhezeit: etwa 1 Stunde
Fertigstellung: etwa 15 Minuten
Backzeit pro Blech: 8–10 Minuten

✳ Die Butter mit dem Honig und dem Ei schaumig rühren. Die Mandeln und das Weizenvollkornmehl mit einem Rührlöffel unter die Schaummasse rühren.

✳ Den geschmeidigen Teig zugedeckt etwa 1 Stunde im Kühlschrank ruhen lassen.
✳ Ein Backblech mit Backtrennpapier auslegen. Den Backofen auf 200° vorheizen.
✳ Den Teig auf der leicht bemehlten Arbeitsfläche kurz durchkneten und etwa 3 mm dick ausrollen. Mit einem Teigrädchen Rauten in gewünschter Größe ausschneiden und auf das Backblech setzen.
✳ Das Eiweiß leicht verquirlen und die Teigrauten damit bestreichen. Auf jedes Plätzchen ein paar Mandelsplitter streuen.
✳ Das Granulat in einem Mörser (oder mit einem Wellholz) fein zerstoßen und mit dem Zimt vermischen. Jedes Plätzchen mit etwas Granulat-Zimtmischung bestreuen.
✳ Das Backblech in den Backofen (Mitte) schieben, und die Badener Brötchen in 8–10 Minuten goldbraun backen.

Aprikosenmonde
Bild Umschlag-Vorderseite

Zutaten für etwa 60 Stück (1½ Backbleche):
60 g getrocknete ungeschwefelte Aprikosen ·
2 Eigelbe · 160 g weiche Butter · 70 g Honig ·
1 Prise Meersalz · 260 g Weizen, fein gemahlen
Zum Verzieren: 5–6 getrocknete ungeschwefelte Aprikosen · 1 Eiweiß · 3–4 Eßl. geschälte Mandeln, frisch gemahlen
Für das Backblech: Backtrennpapier
Für die Arbeitsfläche: etwas Mehl
Pro Stück etwa 200 kJ/48 kcal
1 g Eiweiß · 3 g Fett · 5 g Kohlenhydrate ·
1 g Ballaststoffe

Vorbereitungszeit: etwa 20 Minuten
Ruhezeit: etwa 1 Stunde
Fertigstellung: etwa 30 Minuten
Backzeit pro Blech: 10–12 Minuten

Knusprige Kekse aus Mürbeteig

* Die Aprikosen in kleine Stücke schneiden.
* Die Eigelbe mit der Butter, dem Honig und dem Salz schaumig rühren. Das Weizenvollkornmehl mit einem Rührlöffel unter die Schaummasse rühren. Zuletzt die Aprikosen unter den Teig mischen.
* Den geschmeidigen Teig etwa 1 Stunde zugedeckt im Kühlschrank ruhen lassen.
* Ein Backblech mit Backtrennpapier auslegen. Den Backofen auf 180° vorheizen.
* Den Teig auf der leicht bemehlten Arbeitsfläche kurz durchkneten und 3–4 mm dick ausrollen. Etwa 5 cm große Halbmonde ausstechen.
* Zum Verzieren die Aprikosen in hauchdünne Streifen schneiden. Die Monde mit dem Eiweiß bestreichen. Die untere Hälfte der Plätzchen mit den Aprikosenstreifen belegen. Die obere Hälfte mit den Mandeln bestreuen. Die Monde auf das Backblech legen.
* Das Backblech in den Backofen (Mitte) schieben und die Plätzchen 10–12 Minuten bakken, bis sie etwas Farbe angenommen haben.

Bauernhütchen
Bild Seite 10

*Zutaten für etwa 70 Stück (2 Backbleche):
125 g weiche Butter · 80 g Zuckerrohrgranulat · 2 Eigelbe · 2 Eßl. Sahne · 1 Prise Meersalz · ¼ Teel. Weinsteinbackpulver · 250 g Weizen, fein gemahlen
Für die Füllung: 2 Eiweiße · 60 g Zuckerrohrgranulat · 160 g Mandeln, frisch gemahlen
Zum Bestreichen: 3 Eßl. Milch
Für das Backblech: Backtrennpapier
Für die Arbeitsfläche: etwas Mehl
Pro Stück etwa 210 kJ/50 kcal
1 g Eiweiß · 3 g Fett · 4 g Kohlenhydrate · 1 g Ballaststoffe*

Vorbereitungszeit: etwa 15 Minuten
Ruhezeit: etwa 1 Stunde
Fertigstellung: etwa 30 Minuten
Backzeit pro Blech: etwa 15 Minuten

* Die Butter mit dem Granulat und den Eigelben schaumig rühren. Die Sahne und das Salz dazugeben. Das Backpulver mit dem Weizenvollkornmehl vermischen und unter die Schaummasse rühren.
* Den geschmeidigen Teig zugedeckt etwa 1 Stunde im Kühlschrank ruhen lassen.
* Für die Füllung die Eiweiße sehr steif schlagen. Das Granulat dazugeben und die Masse cremig rühren. Zuletzt die Mandeln unterheben.
* Ein Backblech mit Backtrennpapier auslegen. Den Backofen auf 180° vorheizen.
* Den Teig auf der leicht bemehlten Arbeitsfläche etwa 3 mm dick ausrollen. Runde Formen von etwa 5 cm Ø ausstechen. Auf jedes Plätzchen mit Hilfe von zwei Teelöffeln ein kleines Häufchen Mandelfüllung setzen. Den Rand der Plätzchen mit etwas Milch bestreichen.
* Danach den Rand an drei Stellen fassen und über der Füllung zusammendrücken. Die Hütchen vorsichtig auf das Backblech setzen.
* Das Backblech in den Backofen (Mitte) schieben, und die Plätzchen in etwa 15 Minuten goldgelb backen.

Korntaler

Diese knusprigen Butterkekse sollten in der Adventszeit nicht fehlen. Den geschmeidigen Teig können auch schon kleinere Kinder mit viel Eifer formen und ausstechen.

*Zutaten für etwa 60 Stück (1½ Backbleche):
90 g Butter · 140 g Honig · 1 Prise Meersalz · 3 Eier · ½ Teel. Hirschhornsalz · 1 Teel.*

Knusprige Kekse aus Mürbeteig

Wasser · 375 g Weizen, fein gemahlen ·
½ Teel. gemahlene Vanille
Zum Bestreichen: 1 Eigelb · 1 Eßl. Milch ·
1 Teel. Honig
Für das Backblech: Backtrennpapier
Für die Arbeitsfläche: etwas Mehl
Pro Stück etwa 180 kJ/43 kcal
1 g Eiweiß · 2 g Fett · 6 g Kohlenhydrate ·
1 g Ballaststoffe

Vorbereitungszeit: etwa 15 Minuten
Ruhezeit: etwa 1 Stunde
Fertigstellung: etwa 30 Minuten
Backzeit pro Blech: 10–12 Minuten

✳ Die Butter mit dem Honig, dem Salz und den
Eiern schaumig rühren. Das Hirschhornsalz in
dem Wasser auflösen und dazugeben. Das Wei-
zenvollkornmehl und die Vanille unter die
Schaummasse rühren.
✳ Den Teig zugedeckt etwa 1 Stunde kühl stellen.
✳ Den Backofen auf 180° vorheizen. Ein Backblech mit Backtrennpapier auslegen.
✳ Den Teig auf der leicht bemehlten Arbeitsfläche etwa 3 mm dünn ausrollen. Taler oder andere beliebige Formen ausstechen und auf das
Backblech legen.
✳ Das Eigelb, die Milch und den Honig vermischen und die Plätzchen damit bestreichen.
Dies ergibt einen schönen Glanz.
✳ Das Backblech in den Backofen (Mitte)
schieben, und die Plätzchen in 10–12 Minuten
goldbraun backen.

Tip: Wenn Sie das abgekühlte Gebäck im noch
warmen Backofen nachtrocknen lassen, wird es
besonders knusprig.

Mandelbögen

Zutaten für etwa 45 Stück (1 Backblech):
180 g weiche Butter · 80 g Zuckerrohrgranulat · 1 Ei · ½ Teel. gemahlene Vanille ·
1 Prise Meersalz · 125 g Mandeln, frisch
gemahlen · 250 g Weizen, fein gemahlen
Zum Verzieren: 1 Eiweiß · 4–5 Eßl. Mandelblättchen
Für die Glasur: 1 gehäufter Eßl. Kakao- oder
Carobpulver · 30 g Honig · 1 Eßl. Sahne ·
1 Eßl. Wasser · 25 g Kokosfett
Für das Backblech: Backtrennpapier
Für die Arbeitsfläche: etwas Mehl
Pro Stück etwa 370 kJ/88 kcal
2 g Eiweiß · 6 g Fett · 6 g Kohlenhydrate ·
1 g Ballaststoffe

Vorbereitungszeit: etwa 40 Minuten
Ruhezeit: etwa 1 Stunde
Backzeit: etwa 12 Minuten
Fertigstellung: etwa 15 Minuten

✳ Die Butter, das Granulat, das Ei, die Vanille
und das Salz schaumig rühren. Die Mandeln
und das Weizenvollkornmehl mit einem Rührlöffel unter die Schaummasse rühren. Den Teig zugedeckt etwa 1 Stunde kühl stellen.

Die Enden der Mandelbögen in eine Kakao- oder Carobglasur tauchen. Das Gebäck auf ein Kuchengitter
legen und die Glasur trocknen lassen.

Knusprige Kekse aus Mürbeteig

* Ein Backblech mit Backtrennpapier auslegen. Den Backofen auf 200° vorheizen.
* Den Teig auf der leicht bemehlten Arbeitsfläche kurz durchkneten und etwa 9 cm lange,
fingerdicke Röllchen formen.
* Das Eiweiß leicht verquirlen und die Teigröll-
chen damit bestreichen. Die Röllchen in den
Mandelblättchen wälzen und leicht gebogen auf
das Blech setzen.
* Das Backblech in den Backofen (Mitte)
schieben, und die Mandelbögen in etwa 12 Minuten hellbraun backen.
* Die Plätzchen vom Backblech nehmen und
auf einem Kuchengitter auskühlen lassen.
* Für die Glasur den Kakao oder Carob mit
dem Honig, der Sahne und dem Wasser glatt-
rühren.
* Das Kokosfett in einen kleinen Topf geben
und bei mittlerer Hitze schmelzen. Den Topf
vom Herd nehmen und die Kakao- oder Carobmasse unter das flüssige Fett rühren.
* Jeweils die Enden der Mandelbögen in die
Glasur tauchen und anschließend gut trocknen
lassen.

Hildabrötchen
Bild Umschlag-Vorderseite

Zutaten für etwa 40 Stück (2 Backbleche):
150 g weiche Butter · 80 g Zuckerrohr-
granulat · 1 Ei · 1 Teel. gemahlene Vanille ·
1 Prise Meersalz · ¼ Teel. Weinstein-
backpulver · 300 g Weizen, fein gemahlen
Zum Verzieren: etwas Eiweiß · 3–4 Eßl. ge-
schälte Mandeln, fein gehackt
Für die Füllung: etwa 5 Eßl. honiggesüßte rote
Marmelade
Für das Backblech: Backtrennpapier
Für die Arbeitsfläche: etwas Mehl

Pro Stück etwa 330 kJ/79 kcal
1 g Eiweiß · 4 g Fett · 9 g Kohlenhydrate ·
1 g Ballaststoffe

Vorbereitungszeit: etwa 15 Minuten
Ruhezeit: etwa 1 Stunde
Fertigstellung: etwa 30 Minuten
Backzeit pro Blech: 10–12 Minuten

* Die Butter mit dem Granulat und dem Ei cremig rühren. Die Vanille und das Salz dazugeben.
Das Backpulver mit dem Weizenvollkornmehl
mischen und unter die Schaummasse rühren.
* Den geschmeidigen Teig zugedeckt etwa
1 Stunde im Kühlschrank ruhen lassen.
* Ein Backblech mit Backtrennpapier auslegen. Den Backofen auf 200° vorheizen.
* Den Teig auf der leicht bemehlten Arbeitsfläche kurz durchkneten und etwa 3 mm dick ausrollen. Runde Formen mit gewelltem Rand von
etwa 6 cm Ø ausstechen. Von der Hälfte der
Plätzchen zusätzlich einen kleinen Stern von
3–4 cm Ø aus der Mitte herausstechen.
* Die Plätzchen auf das Backblech legen. Die
Ringe mit Eiweiß bestreichen und mit den Mandeln bestreuen.
* Das Backblech in den Backofen (Mitte)
schieben, und die Hildabrötchen in 10–12 Minuten knusprig backen.

Mandel-Krokantgebäck (links) wird als Teigplatte auf ▷
dem Backblech gebacken und später in Stücke ge-
schnitten. Rezept Seite 59. Mürbeteig mit einer Dat-
tel-Mandelfüllung bestrichen und aufgerollt, ergibt die
dekorativen Dattelspiralen. Rezept Seite 20.

Knusprige Kekse aus Mürbeteig

✳ Die Plätzchen vom Backblech nehmen und auf einem Kuchengitter abkühlen lassen.
✳ Die Marmelade in einen Topf geben und bei schwacher Hitze etwas erwärmen. Die runden Plätzchen mit der Marmelade bestreichen und die Ringe darauf setzen. Die Marmelade gut trocknen lassen.

Gewürzplätzchen

Wenn dieses würzige Mürbeteiggebäck im Backofen ist, durchströmt ein unbeschreiblicher Duft das Haus. Weihnachten rückt näher.

Zutaten für 60–70 Stück (1½ Backbleche):
300 g Butter · 100 g Honig · 2 Eier · 1 Eßl.
Rosenwasser · 1 Prise Meersalz · 1 Teel.
Zimtpulver · ½ Teel. gemahlene Nelken ·
½ Teel. gemahlener Kardamom · ½ Teel. ge-
mahlene Vanille · ¼ Teel. gemahlene
Muskatblüte · 150 g Dinkel, fein gemahlen ·
300 g Weizen, fein gemahlen · 100 g Mandeln,
frisch gemahlen
Für das Backblech: Backtrennpapier
Für die Arbeitsfläche: etwas Mehl
Bei 70 Stück etwa 280 kJ/67 kcal
1 g Eiweiß · 5 g Fett · 5 g Kohlenhydrate ·
1 g Ballaststoffe pro Stück

Vorbereitungszeit: etwa 20 Minuten
Ruhezeit: etwa 1 Stunde
Fertigstellung: etwa 30 Minuten
Backzeit pro Blech: 10–12 Minuten

◁ Die bekannten und beliebten Nürnberger Lebkuchen sollten auf dem bunten Weihnachts-Teller nicht fehlen. Rezept Seite 34.

✳ Die Butter mit dem Honig und den Eiern schaumig rühren. Das Rosenwasser dazugeben. Das Salz und die Gewürze mit dem Dinkel- und dem Weizenvollkornmehl vermischen. Die Mandeln und die Gewürzmehlmischung zur Schaummasse geben.
✳ Alles zuerst mit einem großen Rührlöffel vermengen, dann mit den Händen zu einem geschmeidigen Teig verkneten.
✳ Den Teig zugedeckt etwa 1 Stunde im Kühlschrank ruhen lassen.
✳ Den Backofen auf 200° vorheizen. Ein Backblech mit Backtrennpapier auslegen.
✳ Den Teig auf der leicht bemehlten Arbeitsfläche portionsweise messerrückendick ausrollen. Verschiedene Formen ausstechen und auf das Backblech setzen.
✳ Das Backblech in den Backofen (Mitte) schieben, und die Plätzchen in 10–12 Minuten goldbraun backen.
✳ Die Plätzchen sofort vom Backblech nehmen und auf einem Kuchengitter auskühlen lassen.

Variante: Zum Formen der Plätzchen können Sie auch eine hölzerne Springerlemodel verwenden. So erhalten Sie ein figürliches Weihnachtsgebäck.

Vanillekipferl
Bild Umschlag-Vorderseite

Zutaten für etwa 50 Stück (1 Backblech):
1 Eigelb · 85 g weiche Butter · 50 g Honig ·
½ Teel. gemahlene Vanille · 1 Prise Meersalz ·
100 g Weizen, fein gemahlen · 50 g Dinkel, fein
gemahlen · 30 g Buchweizen, fein gemahlen ·
50 g Mandeln, frisch gemahlen
Zum Verzieren: 40 g geschälte Mandeln, frisch
gemahlen
Für das Backblech: Backtrennpapier

Knusprige Kekse aus Mürbeteig

Pro Stück etwa 150 kJ/33 kcal
1 g Eiweiß · 2 g Fett · 3 g Kohlenhydrate ·
1 g Ballaststoffe

Vorbereitungszeit: etwa 15 Minuten
Ruhezeit: etwa 1 Stunde
Fertigstellung: etwa 25 Minuten
Backzeit: etwa 12 Minuten

✶ Das Eigelb, die Butter, den Honig, die Vanille
und das Salz in eine Rührschüssel geben und
schaumig rühren. Das Weizen- und das Dinkelvollkornmehl, das Buchweizenmehl und die
Mandeln unter die Schaummasse rühren.
✶ Den geschmeidigen Teig zugedeckt etwa
1 Stunde im Kühlschrank ruhen lassen.
✶ Ein Backblech mit Backtrennpapier auslegen. Den Backofen auf 200° vorheizen.
✶ Den Teig kurz durchkneten. Walnußgroße Kugeln abnehmen und zu etwa 8 cm langen Röllchen formen. Die Röllchen in Kipferlform auf
das Backblech legen.
✶ Die Kipferl auf der mittleren Schiene in etwa
12 Minuten hellbraun backen.
✶ Die heißen Kipferl in den Mandeln wälzen.

Tannenzapfen

Zutaten für etwa 30 Stück (1½ Backbleche):
200 g Butter · 60 g Zuckerrohrgranulat · 1 Ei ·
1 Prise Meersalz · 300 g Weizen, fein gemahlen
Zum Verzieren: 1 Eiweiß · 200 g geschälte, hal-
bierte Mandeln
Zum Bestreichen: 1 Eßl. Sahne · 40 g Honig ·
25 g Butter
Für das Backblech: Backtrennpapier
Für die Arbeitsfläche: etwas Mehl
Pro Stück etwa 600 kJ/140 kcal
3 g Eiweiß · 10 g Fett · 10 g Kohlenhydrate ·
2 g Ballaststoffe

Vorbereitungszeit: etwa 15 Minuten
Ruhezeit: etwa 1 Stunde
Fertigstellung: etwa 30 Minuten
Backzeit pro Blech: 15–20 Minuten

✶ Die Butter mit dem Granulat, dem Ei und
dem Salz schaumig rühren. Das Weizenvollkornmehl mit einem Rührlöffel unterarbeiten.
✶ Den geschmeidigen Teig zugedeckt etwa
1 Stunde im Kühlschrank ruhen lassen.
✶ Ein Backblech mit Backtrennpapier auslegen. Den Backofen auf 200° vorheizen.
✶ Den Teig auf der leicht bemehlten Arbeitsfläche etwa 4 mm dick ausrollen. Mit dem Teigrädchen eine etwa 10 cm große Zapfenform ausradeln. Dieses Plätzchen als Vorlage verwenden
und die anderen Zapfen ebenfalls ausradeln. In
jeden Zapfen mit einer Stricknadel ein kleines
Loch stechen, damit man sie aufhängen kann.

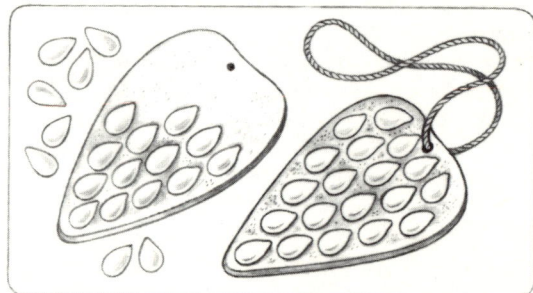

In die Tannenzapfen ein Loch stechen, damit man ein
Band durchziehen kann. In transparente Folie verpackt, sind sie ein hübsches Geschenk.

✶ Das Eiweiß leicht verquirlen und die Zapfen
dünn damit bestreichen. Die Plätzchen dicht mit
den Mandelhälften belegen. Die Zapfen auf das
Blech setzen.
✶ Die Sahne, den Honig und die Butter in einen
Topf geben und unter ständigem Rühren bei
schwacher Hitze erhitzen. Den Guß vom Herd

nehmen und jeden Zapfen dünn damit bestreichen.

✳ Das Backblech in den Backofen (Mitte) schieben, und die Tannenzapfen in 15–20 Minuten goldbraun backen.

✳ Die Zapfen sofort vom Blech nehmen und auf einem Kuchengitter gut auskühlen lassen.

✳ In jeden Zapfen ein kleines Band zum Aufhängen einziehen.

Bananen-Feigenplätzchen

Zutaten für etwa 40 Stück (1 Backblech):
65 g Zuckerrübensirup (unraffiniert) ·
50 g Butter · 125 g Dinkel, fein gemahlen ·
½ Teel. gemahlene Vanille · 2 Eßl. Sahne ·
1 Eßl. Wasser · ½ Eßl. Zitronensaft
Für den Belag: 150 g getrocknete ungeschwefelte Feigen · 30 g getrocknete ungeschwefelte Bananenscheiben
Zum Bestreichen: etwas Eiweiß
Für das Backblech: Backtrennpapier
Für die Arbeitsfläche: etwas Mehl
Pro Stück etwa 170 kJ/40 kcal
1 g Eiweiß · 1 g Fett · 6 g Kohlenhydrate ·
1 g Ballaststoffe

Vorbereitungszeit: etwa 30 Minuten
Ruhezeit: etwa 1 Stunde
Fertigstellung: etwa 15 Minuten
Backzeit: 10–12 Minuten

✳ Den Sirup und die Butter in einen Topf geben und unter ständigem Rühren bei schwacher Hitze leicht erwärmen. Den Topf vom Herd nehmen und die Sirupmasse in einer Rührschüssel abkühlen lassen.

✳ Das Dinkelvollkornmehl und die Vanille dazugeben und untermengen. Zuletzt die Sahne, das Wasser und den Zitronensaft unterrühren.

✳ Den Teig zugedeckt etwa 1 Stunde im Kühlschrank ruhen lassen.

✳ Inzwischen die Feigen in schmale Streifen schneiden. Die Bananen in Stifte hacken.

✳ Ein Backblech mit Backtrennpapier auslegen. Den Backofen auf 200° vorheizen.

✳ Den Teig auf der leicht bemehlten Arbeitsfläche kurz durchkneten und etwa 3 mm dick ausrollen. Runde Plätzchen von etwa 4 cm Ø ausstechen und auf das Backblech legen.

✳ Jedes Plätzchen mit wenig Eiweiß bestreichen und abwechselnd mit den Feigenstreifen und den Bananenstiften belegen, so daß eine Art Streifenmuster entsteht.

✳ Das Backblech in den Backofen (Mitte) schieben, und die Plätzchen in 10–12 Minuten knusprig backen.

Pomeranzengebäck
Bild Seite 9

Zutaten für etwa 60 Stück (1 Backblech):
30 g Orangeat · 75 g weiche Butter ·
75 g Honig · 1 Teel. abgeriebene Schale von
1 unbehandelten Orange · ¼ Teel. gemahlene
Vanille · 125 g Weizen, fein gemahlen · ¼ Teel.
Weinsteinbackpulver · 75 g Mandeln, frisch gemahlen
Zum Bestreichen: 1 Eigelb · 2 Eßl. Milch
Zum Verzieren: etwa 50 g Kürbiskerne · etwa
20 g Orangeat
Für das Backblech: Backtrennpapier
Für die Arbeitsfläche: etwas Mehl
Pro Stück etwa 150 kJ/36 kcal
1 g Eiweiß · 3 g Fett · 3 g Kohlenhydrate ·
0,5 g Ballaststoffe

Vorbereitungszeit: etwa 20 Minuten
Ruhezeit: etwa 1 Stunde
Fertigstellung: etwa 20 Minuten
Backzeit: etwa 10 Minuten

Knusprige Kekse aus Mürbeteig

✳ Das Orangeat in kleine Stücke schneiden.

✳ Die Butter mit dem Honig, der Orangenschale und der Vanille schaumig rühren. Das Weizenvollkornmehl mit dem Backpulver vermischen und mit den Mandeln und dem Orangeat zur Schaummasse geben. Alles zu einem geschmeidigen Teig verkneten.

✳ Den Teig zugedeckt etwa 1 Stunde im Kühlschrank ruhen lassen.

✳ Ein Backblech mit Backtrennpapier auslegen. Den Backofen auf 200° vorheizen.

✳ Den Teig auf der leicht bemehlten Arbeitsfläche kurz durchkneten und etwa 3 mm dick ausrollen. Runde Plätzchen mit gewelltem Rand von etwa 4 cm ∅ ausstechen und auf das Backblech setzen.

✳ Das Eigelb mit der Milch verquirlen und die Plätzchen damit bestreichen. Jeweils vier Kürbiskerne und ein Stück Orangeat blütenähnlich auf jedes Plätzchen setzen.

✳ Das Backblech in den Backofen (Mitte) schieben, und das Pomeranzengebäck in etwa 10 Minuten goldgelb backen.

Nußhütchen

Zutaten für etwa 50 Stück (1½ Backbleche):
75 g weiche Butter · 50 g Honig · 1 Eigelb ·
1 Eßl. Rum oder Rosenwasser · ½ Teel.
Zimtpulver · ¼ Teel. gemahlene Vanille ·
75 g Haselnußkerne, frisch gemahlen ·
150 g Weizen, fein gemahlen
Für den Belag: 2 Eiweiße · 80 g Honig ·
130 g Haselnußkerne, frisch gemahlen · abgeriebene Schale von ½ unbehandelten Zitrone
Für das Backblech: Backtrennpapier
Für die Arbeitsfläche: etwas Mehl
Pro Stück etwa 240 kJ/57 kcal
1 g Eiweiß · 4 g Fett · 4 g Kohlenhydrate ·
1 g Ballaststoffe

Vorbereitungszeit: etwa 15 Minuten
Ruhezeit: etwa 1 Stunde
Fertigstellung: etwa 30 Minuten
Backzeit pro Blech: 12–15 Minuten

✳ Die Butter, den Honig, das Eigelb, den Rum oder das Rosenwasser, den Zimt und die Vanille in eine Rührschüssel geben und schaumig schlagen. Die Haselnüsse und das Weizenvollkornmehl dazugeben und unterkneten.

✳ Den Teig zugedeckt etwa 1 Stunde im Kühlschrank ruhen lassen.

✳ Für den Belag die Eiweiße sehr steif schlagen. Den Honig dazugeben und so lange weiterrühren, bis eine dicke Creme entsteht. Zuletzt die Haselnüsse und die Zitronenschale unterheben.

✳ Ein Backblech mit Backtrennpapier auslegen. Den Backofen auf 200° vorheizen.

✳ Den Teig auf der leicht bemehlten Arbeitsfläche kurz durchkneten und etwa messerrückendick ausrollen. Runde Plätzchen von etwa 5 cm ∅ ausstechen und auf das Backblech legen.

✳ Mit zwei Teelöffeln von der Nußmasse kleine Häufchen auf jedes Plätzchen setzen.

✳ Das Backblech in den Backofen (Mitte) schieben, und die Nußhütchen in 12–15 Minuten goldgelb backen.

Spitzbuben

Zutaten für etwa 35 Stück (2 Backbleche):
150 g weiche Butter · 80 g Honig · 200 g Weizen, fein gemahlen · 1 Teel. Weinsteinbackpulver · 100 g Mandeln, frisch gemahlen
Zum Verzieren: etwas Eiweiß · 3–4 Eßl. Mandeln, fein gemahlen
Für die Füllung: etwa 5 Eßl. honiggesüßte rote Marmelade

Knusprige Kekse aus Mürbeteig

Für das Backblech: Backtrennpapier
Für die Arbeitsfläche: etwas Mehl
Pro Stück etwa 390 kJ/93 kcal
2 g Eiweiß · 6 g Fett · 8 g Kohlenhydrate ·
1 g Ballaststoffe

Vorbereitungszeit: etwa 15 Minuten
Ruhezeit: etwa 1 Stunde
Fertigstellung: etwa 20 Minuten
Backzeit pro Blech: 10–12 Minuten

✳ Die Butter mit dem Honig in eine Rührschüssel geben und schaumig rühren. Das Weizenvollkornmehl mit dem Backpulver vermischen und unter die Schaummasse rühren. Die Mandeln unterkneten.
✳ Den Teig zugedeckt etwa 1 Stunde im Kühlschrank ruhen lassen.
✳ Ein Backblech mit Backtrennpapier auslegen. Den Backofen auf 200° vorheizen.
✳ Den Teig auf der leicht bemehlten Arbeitsfläche kurz durchkneten und etwa 3 mm dick ausrollen. Runde Plätzchen von etwa 5 cm Ø ausstechen und auf das Backblech setzen.
✳ Die Hälfte der Plätzchen leicht mit Eiweiß bestreichen und mit den gemahlenen Mandeln bestreuen.
✳ Das Backblech in den Backofen (Mitte) schieben, und die Plätzchen in 10–12 Minuten goldgelb backen.
✳ Das Gebäck auf einem Kuchengitter auskühlen lassen.
✳ Die Marmelade in einen Topf geben und unter Rühren bei schwacher Hitze etwas erwärmen. Die unverzierten Plätzchen mit der Marmelade bestreichen. Die mit den Mandeln bestreuten Plätzchen daraufsetzen.

Zimtküchlein

Zutaten für etwa 80 Stück (2 Backbleche):
100 g weiche Butter · 120 g Zuckerrohr-
granulat · 2 Eier · 1½ Eßl. Zimtpulver ·
300 g Weizen, fein gemahlen · ½ Teel.
Hirschhornsalz · 1 Teel. Wasser
Für das Backblech: Backtrennpapier
Für die Arbeitsfläche: etwas Mehl
Pro Stück etwa 120 kJ/29 kcal
1 g Eiweiß · 1 g Fett · 4 g Kohlenhydrate ·
0,5 g Ballaststoffe

Vorbereitungszeit: etwa 15 Minuten
Ruhezeit: etwa 2 Stunden
Fertigstellung: etwa 15 Minuten
Backzeit pro Blech: etwa 20 Minuten

✳ Die Butter, das Granulat, die Eier und den Zimt in eine Rührschüssel geben und schaumig schlagen. Das Weizenvollkornmehl unter die Schaummasse rühren.
✳ Zuletzt das Hirschhornsalz in dem Wasser auflösen und unter den Teig mischen.
✳ Den weichen Teig zugedeckt etwa 2 Stunden im Kühlschrank ruhen lassen.
✳ Ein Backblech mit Backtrennpapier auslegen. Den Backofen auf 200° vorheizen.
✳ Den Teig auf der leicht bemehlten Arbeitsfläche kurz durchkneten und 3–4 mm dick ausrollen. Verschiedene Formen ausstechen oder mit dem Teigrädchen Rauten ausschneiden. Die Plätzchen auf das Backblech legen.
✳ Das Backblech in den Backofen (Mitte) schieben, und die Zimtküchlein in etwa 20 Minuten goldbraun backen.
✳ Nach dem Backen die Plätzchen sofort vom Backblech nehmen und auf einem Kuchengitter auskühlen lassen.

Eine interessante Palette der verschiedensten Rezepte bereichert den bunten Weihnachtsteller. Lebkuchen und Honigkuchen sollten Sie rechtzeitig backen, damit die würzigen Zutaten ihr Aroma gut entfalten können.

Lebkuchen mit neunerlei Gewürzen

Bild Umschlag-Vorderseite

Für Lebkuchen sind viele alte Rezepte überliefert. Schon im Mittelalter stellte man sie in Klöstern her. Die Nonnen und Mönche verwendeten aus zahlenmystischen Gründen »neunerlei« oder »siebenerlei« orientalische Gewürze. Dieses Rezept ergibt wundervoll lockere und sehr schmackhafte Lebkuchen.

Zutaten für etwa 60 Stücke (1 Backblech):
2 Eier · 100 g Butter · 250 g Honig · 2 Eßl. Rum oder Rosenwasser · 350 g Weizen, fein gemahlen · 1 Teel. Zimtpulver · je ½ Teel. gemahlener Kardamom und gemahlene Nelken · je ¼ Teel. gemahlene Muskatblüte, Piment, gemahlener Ingwer, gemahlener Anis, gemahlener weißer Pfeffer und gemahlener Koriander · ½ Päckchen Weinsteinbackpulver · 20 g Kakao- oder Carobpulver
Zum Bestreuen: 150 g Mandelsplitter
Für den Guß: 1 gehäufter Eßl. Kakao- oder Carobpulver · 30 g Honig · 1 Eßl. Sahne · 1 Eßl. Wasser · 25 g Kokosfett
Für das Blech: Backtrennpapier
Pro Stück etwa 290 kJ/69 kcal
2 g Eiweiß · 4 g Fett · 8 g Kohlenhydrate · 1 g Ballaststoffe

Vorbereitungszeit: etwa 35 Minuten
Backzeit: 20–25 Minuten
Fertigstellung: etwa 10 Minuten

* Die Eier trennen. Die Eiweiße steif schlagen.
* Die Butter, den Honig, die Eigelbe und den Rum oder das Rosenwasser schaumig rühren.
* Das Weizenvollkornmehl mit den Gewürzen, dem Backpulver und dem Kakao oder Carob vermischen.
* Den Backofen auf 200° vorheizen. Ein Backblech mit Backtrennpapier auslegen.
* Den Eischnee und die Mehl-Gewürzmischung mit einem großen Rührlöffel unter die Schaummasse heben.
* Den Lebkuchenteig mit einem angefeuchteten Teigschaber gleichmäßig auf das Backblech streichen. Zuletzt die Mandelsplitter über den Teig streuen.
* Das Backblech in den Backofen (Mitte) schieben, und den Kuchen 20–25 Minuten backen.
* Den Kuchen in gleichmäßige Rauten schneiden und die Stücke auf einem Kuchengitter auskühlen lassen.
* Für den Guß den Kakao oder Carob mit dem Honig, der Sahne und dem Wasser glatt rühren.
* Das Kokosfett in einen kleinen Topf geben und bei schwacher Hitze zerlaufen lassen. Den Topf vom Herd nehmen, und die Kakao- oder Carobmasse unter das flüssige Fett rühren.
* Den Guß mit einem Pinsel auf den Lebkuchen verteilen.

Nürnberger Lebkuchen
Bild Seite 28

Zutaten für etwa 20 Stück (1½ Backbleche):
25 g ungeschwefelte Dörrpflaumen ohne Stein · 25 g Zitronat · 25 g Orangeat · 2 Eier · 100 g Zuckerrohrgranulat · 1 Teel. Zimtpulver · ½ Teel. gemahlene Nelken · ¼ Teel. Muskatblüte · ¼ Teel. gemahlener Kardamom · 120 g Weizen, fein gemahlen · 25 g Mandeln,

fein gehackt · ½ Teel. Hirschhornsalz · 1 Teel. Wasser · 20 Vollkornoblaten von 7 cm ⌀
Zum Bestreuen: 50 g Mandelsplitter
Pro Stück etwa 330 kJ/79 kcal
2 g Eiweiß · 5 g Fett · 11 g Kohlenhydrate · 1 g Ballaststoffe

Vorbereitungszeit: etwa 30 Minuten
Quellzeit: etwa 45 Minuten
Ruhezeit: 14–15 Stunden (über Nacht)
Backzeit pro Blech: 25–30 Minuten

＊ Die Dörrpflaumen, das Zitronat und das Orangeat sehr klein schneiden.
＊ Die Eier und das Granulat so lange verrühren, bis eine dicke, cremige Masse entsteht. Die Gewürze mit dem Weizenvollkornmehl vermischen. Die Pflaumen, das Zitronat, das Orangeat, die Mandeln und die Gewürzmehlmischung mit einem Rührlöffel unter die Schaummasse heben.
＊ Zuletzt das Hirschhornsalz in dem Wasser auflösen und unter den Teig rühren.
＊ Den Teig etwa 45 Minuten quellen lassen.
＊ Die Oblaten auf dem Backblech verteilen. Mit zwei Teelöffeln Teig auf die Oblaten setzen.
＊ Die Lebkuchen über Nacht bei Zimmertemperatur ruhen lassen.
＊ Den Backofen auf 175° vorheizen.
＊ Die Lebkuchen mit den Mandelsplittern bestreuen.
＊ Das Backblech in den Backofen (Mitte) schieben, und die Lebkuchen in 25–30 Minuten hellbraun backen.
＊ Die Lebkuchen auf einem Kuchengitter gut auskühlen lassen.
＊ Das Gebäck mindestens 4–5 Tage kühl und luftig lagern, damit sich das Gewürzaroma entfalten kann.

Gefüllte Lebkuchenherzen

Zutaten für etwa 25 Stück (1 Backblech):
130 g Honig · 40 g Butter · 2 Eßl. Wasser · 25 g Zitronat · 25 g Orangeat · 1 Eigelb · abgeriebene Schale von ½ unbehandelten Orange · 1 Teel. Zimtpulver · ¼ Teel. gemahlener Kardamom · ¼ Teel. gemahlene Nelken · 1 Teel. Kakaopulver · 100 g Mandeln, frisch gemahlen · 150 g Weizen, fein gemahlen · 1 Teel. Hirschhornsalz · 1 Eßl. Rosenwasser
Für die Füllung: 40 g ungeschwefelte Rosinen · 2 Teel. Kirschwasser oder Rosenwasser · 100 g Honigmarzipan (siehe Grundrezept Seite 99) · 1 Eiweiß
Zum Bestreichen: 1 Eßl. geschlagenes Eiweiß (von der Füllung) · 1 gehäufter Eßl. Zuckerrohrgranulat
Für das Backblech: Backtrennpapier
Für die Arbeitsfläche: etwas Mehl
Pro Stück etwa 450 kJ/110 kcal
2 g Eiweiß · 6 g Fett · 13 g Kohlenhydrate · 1 g Ballaststoffe

Vorbereitungszeit: etwa 30 Minuten
Ruhezeit: etwa 1 Stunde
Fertigstellung: etwa 20 Minuten
Backzeit: 15–20 Minuten

＊ Für die Füllung die Rosinen klein schneiden, mit dem Kirschwasser oder dem Rosenwasser beträufeln und zugedeckt ziehen lassen.
＊ Für den Lebkuchenteig den Honig, die Butter und das Wasser in einen Topf geben und unter ständigem Rühren einmal aufkochen lassen. Anschließend abkühlen lassen.
＊ Das Zitronat und das Orangeat sehr klein schneiden.
＊ Das Honiggemisch in eine Rührschüssel geben und mit dem Eigelb und der Orangenschale schaumig rühren. Die Gewürze, den Kakao und die Mandeln mit dem Weizenvollkornmehl ver-

mischen. Die Mehlmischung mit einem großen Rührlöffel unter die Schaummasse rühren.

✳ Das Hirschhornsalz in dem Rosenwasser auflösen und ebenfalls unter den Teig rühren.

✳ Den Lebkuchenteig zugedeckt bei Zimmertemperatur etwa 1 Stunde ruhen lassen.

✳ Für die Füllung das Marzipan zerbröseln.

✳ Das Eiweiß sehr steif schlagen. 1 Eßlöffel Eiweiß zum Bestreichen der Herzen abnehmen. Das Marzipan und die Rosinen zu dem restlichen Eiweiß geben und gut verrühren, bis eine cremige Masse entsteht.

✳ Ein Backblech mit Backtrennpapier auslegen. Den Backofen auf 180° vorheizen.

✳ Den Lebkuchenteig auf der bemehlten Arbeitsfläche kurz durchkneten. Den Teig etwa 4 mm dick ausrollen und Herzen von 5–6 cm Größe ausstechen.

✳ Mit Hilfe von zwei Teelöffeln kleine Häufchen von der Marzipanmasse abstechen und auf die Hälfte der Lebkuchen setzen. Die Füllung mit einem Messer glatt streichen. Die andere Hälfte der Herzen darauf setzen und die Ränder etwas zusammendrücken. Die Herzen auf das Backblech legen.

✳ Das Backblech in den Backofen (Mitte) schieben, und die Lebkuchen in 15–20 Minuten mittelbraun backen.

✳ Die Lebkuchenherzen vom Backblech nehmen und auf einem Kuchengitter erkalten lassen.

✳ Für den Guß das Eiweiß mit dem Granulat so lange verrühren, bis eine cremige Masse entsteht. Die Lebkuchen dünn damit bestreichen. Die Glasur gut trocknen lassen.

Thorner Katrinchen
Bild 2. Umschlagseite

Diese Figuren aus Lebkuchenteig gehören zu den »Gebildbroten« und stammen ursprünglich aus Westpreußen.

Zutaten für 10–12 Figuren (2 Backbleche):
1 Ei · 250 g flüssiger Honig (zum Beispiel Wildblütenhonig) · 1 Teel. Zimtpulver · ¼ Teel. gemahlene Nelken · ¼ Teel. gemahlene Muskatblüte · 300 g Weizen, fein gemahlen · 75 g Roggen, fein gemahlen · 1 Teel. Hirschhornsalz · 1 Eßl. Wasser
Zum Bestreichen: 2 Eßl. Wasser · 1 Eßl. Zukkerrohrgranulat
Für das Backblech: Backtrennpapier
Für die Arbeitsfläche: etwas Mehl
Bei 12 Stück etwa 730 kJ/170 kcal
4 g Eiweiß · 1 g Fett · 37 g Kohlenhydrate · 4 g Ballaststoffe pro Stück

Vorbereitungszeit: etwa 15 Minuten
Ruhezeit: 14–15 Stunden (über Nacht)
Fertigstellung: etwa 30 Minuten
Backzeit pro Blech: etwa 15 Minuten

✳ Das Ei mit dem Honig und den Gewürzen schaumig rühren. Das Weizen- und das Roggenvollkornmehl mit einem großen Rührlöffel unter die Schaummasse heben.

✳ Das Hirschhornsalz in dem Wasser auflösen und unter den Teig rühren.

✳ Den Teig zugedeckt über Nacht bei Zimmertemperatur ruhen lassen.

✳ Ein Backblech mit Backtrennpapier auslegen. Den Backofen auf 200° vorheizen.

✳ Den Teig auf der leicht bemehlten Arbeitsfläche geschmeidig kneten und etwa ½ cm dick ausrollen. Aus dem Teig Lebkuchenmännchen ausstechen und auf das Backblech legen.

✳ Das Backblech in den Backofen (Mitte)

schieben, und die Lebkuchen in etwa 15 Minuten mittelbraun backen.

✻ Inzwischen das Wasser mit dem Granulat in einem Topf aufkochen lassen. Sobald von der Flüssigkeit etwas verdampft ist, den Topf vom Herd nehmen.

✻ Nach dem Backen die noch heißen Lebkuchenmännchen damit bestreichen. Das ergibt einen schönen Glanz. Die Figuren auf einem Kuchengitter auskühlen lassen.

Tip: Sie können Ausstechformen für die Lebkuchenmännchen verwenden oder auch – vielleicht zusammen mit Ihrer Familie – selbst Papierschablonen anfertigen. Die Papierschablonen werden fest auf den Teig gedrückt und die Figuren mit einem kleinen Messer rundherum ausgeschnitten.

Berliner Brot

Bis ins späte Mittelalter war Zucker in Deutschland noch wenig verbreitet. Er war sehr teuer und stand nur bestimmten Bevölkerungsschichten zur Verfügung. Daher wurde das Berliner Brot früher mit Apfelkraut gesüßt.

Zutaten für etwa 90 Stücke (1 Backblech):
25 g Zitronal · 2 Fier · 4 Eßl. Wasser · 120 g
Zuckerrohrgranulat · 120 g Apfelkraut · 2 Eßl.
Kirschwasser oder Rosenwasser · 1 Eßl. Kakao- oder Carobpulver · 2 Teel. Zimtpulver ·
¼ Teel. gemahlene Nelken · ¼ Teel. gemahlener
Piment · 250 g Weizen, fein gemahlen ·
120 g Mandeln, grob gehackt · 1 Teel. Hirschhornsalz · 1 Eßl. Wasser
Für das Backblech: Backtrennpapier
Pro Stück etwa 120 kJ/29 kcal
1 g Eiweiß · 1 g Fett · 4 g Kohlenhydrate ·
0 g Ballaststoffe

Vorbereitungszeit: etwa 25 Minuten
Ruhezeit: etwa 20 Minuten
Backzeit: etwa 15 Minuten

✻ Das Zitronat in möglichst kleine Stücke schneiden.

✻ Die Eier, das Wasser, das Granulat, das Apfelkraut und das Kirschwasser oder das Rosenwasser in eine Rührschüssel geben und so lange verrühren, bis eine dicke cremige Masse entsteht. Den Kakao oder Carob, die Gewürze und das Weizenvollkornmehl mischen und unter die Schaummasse heben. Die Mandeln und das Zitronat untermengen. Das Hirschhornsalz in dem Wasser auflösen und unter den Teig rühren.

✻ Den Teig zugedeckt bei Zimmertemperatur etwa 20 Minuten stehenlassen.

✻ Ein Backblech mit Backtrennpapier auslegen. Den Backofen auf 220° vorheizen.

✻ Den Teig mit einem angefeuchteten Teigschaber gleichmäßig auf das Backblech streichen.

✻ Das Backblech in den Backofen (Mitte) schieben, und den Kuchen in etwa 15 Minuten mittelbraun backen.

✻ Nach dem Backen das heiße Gebäck in etwa 3 × 4 cm große Stücke schneiden. Die Stücke auf ein Kuchengitter legen und abkühlen lassen.

Baumschmuck aus Honigkuchenteig

Beim Formen und Verzieren der verschiedenen Figuren können große und kleine Bäcker ihrer Fantasie freien Lauf lassen.

Zutaten für 20–25 Stück (2 Backbleche):
160 g Honig · 50 g Butter · 1 Ei · 1 Teel.
Zimtpulver · ¼ Teel. gemahlene Nelken ·

Gebäck für den bunten Teller

½ Eßl. Lebkuchengewürz · 125 g Weizen, fein gemahlen · 125 g Roggen, fein gemahlen · 100 g Mandeln, frisch gemahlen · 1 gehäufter Teel. Hirschhornsalz · 1 Eßl. Wasser
Zum Verzieren: Mandelsplitter, gehackte Mandeln, Sonnenblumenkerne, Kürbiskerne, Cashewkerne, Rosinen, Orangeat, Zitronat, Sesam, Mohn, Pistazien
Für die Glasur: 2 Eßl. Eiweiß · 3 Eßl. Zuckerrohrgranulat
Für das Backblech: Backtrennpapier
Für die Arbeitsfläche: etwa Mehl
Bei 25 Stück etwa 520 kJ/120 kcal
3 g Eiweiß · 7 g Fett · 15 g Kohlenhydrate · 2 g Ballaststoffe pro Stück

Vorbereitungszeit: etwa 45 Minuten
Ruhezeit: 14–15 Stunden (über Nacht)
Backzeit pro Blech: 12–15 Minuten
Fertigstellung: 15 Minuten

✳ Den Honig und die Butter in einen Topf geben und unter ständigem Rühren bei schwacher Hitze erwärmen. Die Masse dann wieder abkühlen lassen.
✳ Anschließend in eine Rührschüssel geben und mit dem Ei schaumig rühren. Die Gewürze, das Weizen- und das Roggenvollkornmehl sowie die Mandeln mit einem Rührlöffel unter die Schaummasse heben.
✳ Zuletzt das Hirschhornsalz in dem Wasser auflösen und unter den Teig rühren.
✳ Den Teig zugedeckt bei Zimmertemperatur über Nacht stehenlassen.
✳ Den Backofen auf 180° vorheizen. Ein Backblech mit Backtrennpapier auslegen.
✳ Den Teig auf der leicht bemehlten Arbeitsfläche etwa ½ cm dick ausrollen und verschiedene Figuren ausstechen. Damit die Figuren aufgehängt werden können, in jede mit einer Stricknadel ein kleines Loch stechen.
✳ Die Honigkuchen auf das Backblech legen und mit etwas Wasser bestreichen. Die Kuchen nach Belieben mit Nüssen, Rosinen, Orangeat oder Sesam verzieren.
✳ Das Backblech in den Backofen (Mitte) schieben, und die Figuren in 12–15 Minuten goldbraun backen.
✳ Das Gebäck mit einer Palette vom Backblech heben und auf einem Kuchengitter auskühlen lassen.

Beim Formen und Verzieren der verschiedenen Figuren können große und kleine Bäcker ihrer Fantasie freien Lauf lassen.

✳ Für die Spritzglasur das Eiweiß sehr steif schlagen. Das Zuckerrohrgranulat dazugeben und so lange weiterrühren, bis eine cremige Masse entsteht.
✳ Die Glasur in eine Spritztülle füllen und die Figuren damit verzieren. Die Glasur gut trocknen lassen.

Tip: Aus diesem Honigkuchenteig lassen sich viele Weihnachtsüberraschungen wie Hexenhäuschen, Nikolausstiefel, Weihnachtsmänner, Engel, Schaukelpferde und vieles mehr herstellen.

Feine Honigkuchen

Zutaten für etwa 36 Stücke (1 Backblech):
460 g Honig · 140 g Butter · 1 Prise Meersalz ·
120 g ungeschwefelte Rosinen · 2 Eier · 2 Teel.
gemahlener Kardamom · 2 Teel. gemahlene
Nelken · 4 Teel. Zimtpulver · 120 g Mandeln,
fein gehackt · 400 g Weizen, fein gemahlen ·
100 g Roggen, fein gemahlen · 3 Teel. Hirsch-
hornsalz · 2 Eßl. Wasser
Zum Verzieren: halbierte geschälte Mandeln ·
Zitronat · Orangeat
Für das Backblech: Backtrennpapier
Pro Stück etwa 650 kJ/150 kcal
3 g Eiweiß · 7 g Fett · 22 g Kohlenhydrate ·
2 g Ballaststoffe

Vorbereitungszeit: etwa 25 Minuten
Ruhezeit: etwa 15 Minuten
Fertigstellung: etwa 10 Minuten
Backzeit: etwa 20 Minuten

✴ Den Honig, die Butter und das Salz in einen Topf geben und bei schwacher Hitze leicht erwärmen. Anschließend in eine Rührschüssel geben und abkühlen lassen.
✴ Die Rosinen in kleine Stücke schneiden.
✴ Die Eier und die Gewürze zu dem Honiggemisch geben und alles schaumig schlagen. Die Mandeln, das Weizen- und das Roggenvollkornmehl dazugeben und untermengen.
✴ Zuletzt das Hirschhornsalz in dem Wasser auflösen und unter den Teig rühren.
✴ Den Teig etwa 15 Minuten bei Zimmertemperatur quellen lassen.
✴ In der Zwischenzeit den Backofen auf 180° vorheizen. Ein Backblech mit Backtrennpapier auslegen. Den Teig mit einem angefeuchteten Teigschaber auf das Backblech streichen.
✴ Auf der Teigoberfläche etwa 6 cm große Quadrate markieren. Die Quadrate mit den Mandeln, dem Zitronat und dem Orangeat verzieren.

✴ Das Backblech in den Backofen (Mitte) schieben, und den Honigkuchen in etwa 20 Minuten goldbraun backen.
✴ Den Kuchen auf dem Backblech einige Minuten abkühlen lassen, dann in die Quadrate aufschneiden und auf einem Kuchengitter vollständig auskühlen lassen.
✴ Die Honigkuchen vor dem Probieren einige Tage kühl und luftig durchziehen lassen.

Spitzkuchen

Zutaten für etwa 50 Stück (1½ Backbleche):
160 g Zuckerrübensirup (unraffiniert) · 2 Eßl.
Öl · 1 Prise Meersalz · 1 Ei · 1 Teel.
Zimtpulver · ½ Teel. gemahlener Kardamom ·
½ Teel. gemahlene Muskatblüte · 1 Teel.
Kakaopulver · 3 Teel. Weinsteinbackpulver ·
250 g Weizen, fein gemahlen · 1 Eßl. Sahne
Zum Bestreichen: 2–3 Eßl. Milch
Für das Backblech: Backtrennpapier
Pro Stück etwa 150 kJ/36 kcal
1 g Eiweiß · 1 g Fett · 6 g Kohlenhydrate ·
1 g Ballaststoffe

Vorbereitungszeit: etwa 25 Minuten
Ruhezeit: etwa 30 Minuten
Fertigstellung: etwa 10 Minuten
Backzeit pro Blech: etwa 10 Minuten

✴ Den Sirup, das Öl und das Salz in einen Topf geben und unter Rühren bei schwacher Hitze erwärmen. Anschließend in eine Rührschüssel geben und abkühlen lassen.
✴ Das Ei zu dem Sirupgemisch hinzufügen und alles schaumig schlagen. Die Gewürze, den Kakao und das Backpulver mit dem Weizenvollkornmehl vermischen und mit einem Rührlöffel unter die Schaummasse mengen. Zuletzt die Sahne unterrühren.

✳ Den Teig bei Zimmertemperatur etwa 30 Minuten ruhen lassen.

✳ Ein Backblech mit Backtrennpapier auslegen. Den Backofen auf 200° vorheizen.

✳ Den Teig halbieren und aus jeder Teighälfte eine etwa 2 cm dicke Rolle formen. Die Teigrollen etwas flachdrücken, in Dreiecke aufschneiden und auf das Backblech setzen. Die Dreiecke mit etwas Milch bestreichen.

✳ Das Backblech in den Backofen (Mitte) schieben, und die Spitzkuchen in etwa 10 Minuten mittelbraun backen.

✳ Das Gebäck auf einem Kuchengitter auskühlen lassen.

✳ Die Spitzkuchen vor dem Probieren einige Tage kühl und luftig aufbewahren, damit sie weich werden.

Baseler Leckerli

Zutaten für etwa 65 Stücke (¾ Backblech):
70 g Mandeln · 30 g Orangeat · 30 g Zitronat ·
300 g Honig · 2 Eßl. Öl · 1 Prise Meersalz ·
1 Ei · 2 Eßl. Rum oder Rosenwasser · ¼ Teel.
gemahlene Nelken · ¼ Teel. geriebene
Muskatnuß · 1 Teel. Zimtpulver · 4 Teel.
Weinsteinbackpulver · 300 g Weizen, fein
gemahlen
Zum Bestreichen: 4 Eßl. Zuckerrohrgranulat ·
2 Eßl. Wasser · 2 Eßl. Rosenwasser
Für das Backblech: Backtrennpapier
Pro Stück etwa 200 kJ/48 kcal
1 g Eiweiß · 2 g Fett · 8 g Kohlenhydrate ·
1 g Ballaststoffe

Vorbereitungszeit: etwa 35 Minuten
Backzeit: etwa 20 Minuten

✳ Die Mandeln grob hacken. Das Orangeat und das Zitronat in kleine Stückchen schneiden.

✳ Ein Backblech mit Backtrennpapier auslegen. Den Backofen auf 200° vorheizen.

✳ Den Honig, das Öl und das Salz in einen Topf geben und bei schwacher Hitze erwärmen.

✳ Das Honiggemisch in eine Rührschüssel füllen. Das Ei, den Rum oder das Rosenwasser und die Gewürze hinzufügen und alles schaumig rühren. Das Backpulver mit dem Weizenvollkornmehl vermischen und unter die Schaummasse heben. Zuletzt die Mandeln, das Orangeat und das Zitronat dazugeben und untermengen.

✳ Den Teig mit einem angefeuchteten Teigschaber etwa 1 cm dick auf das Backblech streichen.

✳ Das Backblech in den Backofen (Mitte) schieben, und den Honigkuchen in etwa 20 Minuten goldgelb backen.

✳ In der Zwischenzeit für die Glasur das Granulat mit dem Wasser und dem Rosenwasser unter ständigem Rühren bei mittlerer Hitze etwas einkochen lassen.

✳ Den noch heißen Honigkuchen mit der Glasur bestreichen. Danach in etwa 3 × 6 cm große Rechtecke aufschneiden.

✳ Die Baseler Leckerli auf ein Kuchengitter setzen und auskühlen lassen.

Nußbällchen

Zutaten für etwa 60 Stück (1 Backblech):
125 g weiche Butter · 100 g Honig · 1 Ei ·
½ Eßl. Kirschwasser oder Rosenwasser ·
1 Teel. Zimtpulver · ¼ Teel. gemahlene Nelken ·
2 Teel. Kakaopulver · 125 g Haselnußkerne,
frisch gemahlen · 175 g Weizen, fein gemahlen
Für das Backblech: Backtrennpapier
Pro Stück etwa 190 kJ/45 kcal
1 g Eiweiß · 3 g Fett · 3 g Kohlenhydrate ·
1 g Ballaststoffe

Gebäck für den bunten Teller

Vorbereitungszeit: etwa 25 Minuten
Ruhezeit: etwa 2 Stunden
Fertigstellung: etwa 10 Minuten
Backzeit: etwa 15 Minuten

✳ Die Butter, den Honig, das Ei und das Kirschwasser oder das Rosenwasser in eine Rührschüssel geben und schaumig schlagen. Die Gewürze, den Kakao, die Haselnüsse und das Weizenvollkornmehl hinzufügen und unterkneten.
✳ Den geschmeidigen Teig zugedeckt etwa 2 Stunden im Kühlschrank ruhen lassen.
✳ Ein Backblech mit Backtrennpapier auslegen. Den Backofen auf 200° vorheizen.
✳ Aus dem Teig etwa kirschgroße Kugeln formen und auf das Backblech legen.
✳ Das Backblech in den Backofen (Mitte) schieben, und die Nußbällchen in etwa 15 Minuten mittelbraun backen.

Bischofsschnitten

Zutaten für etwa 60 Stücke (1 Backblech):
150 g Mandeln · 150 g Zitronat · 150 g ungeschwefelte Rosinen · 4 Eiweiße · 1 Prise Meersalz · 2 Eßl. Kirschwasser oder Rosenwasser · 8 Eßl. Honig · 4 Eigelbe · 2 gehäufte Teel. Weinsteinbackpulver · ½ Teel. Zimtpulver · ¼ Teel. gemahlene Nelken · ¼ Teel. gemahlene Vanille · 2 gehäufte Eßl. Kakao- oder Carobpulver · 300 g Weizen, fein gemahlen · 4 Eßl. Sahne
Für das Backblech: Backtrennpapier
Pro Stück etwa 270 kJ/64 kcal
2 g Eiweiß · 4 g Fett · 9 g Kohlenhydrate · 1 g Ballaststoffe

Vorbereitungszeit: etwa 30 Minuten
Backzeit: etwa 20 Minuten

✳ Die Mandeln mit einem großen Messer grob hacken. Das Zitronat und die Rosinen in kleine Stückchen schneiden.
✳ Ein Backblech mit Backtrennpapier auslegen. Den Backofen auf 200° vorheizen.
✳ Die Eiweiße mit dem Salz und dem Kirschwasser oder dem Rosenwasser sehr steif schlagen. Nach und nach den Honig dazugeben und so lange weiterrühren, bis eine dicke Creme entsteht. Die Eigelbe hinzufügen und kurz unterrühren.
✳ Das Backpulver, die Gewürze und den Kakao oder Carob mit dem Weizenvollkornmehl vermischen. Die Gewürzmehlmischung mit einem Schneebesen unter die Schaummasse ziehen. Die Mandeln, das Zitronat und die Rosinen unter den Teig heben. Die Sahne unterrühren.
✳ Den Teig mit einem angefeuchteten Teigschaber gleichmäßig auf das Backblech streichen.
✳ Das Backblech in den Backofen (Mitte) schieben, und den Kuchen in etwa 20 Minuten mittelbraun backen.
✳ Die gebackene Teigplatte auf ein großes Kuchengitter stürzen und das Backtrennpapier vorsichtig abziehen.
✳ Den Kuchen abkühlen lassen, dann in Rauten schneiden.

Hamburger Braune Kuchen

Im Norden Deutschlands ist die Tradition, zu Weihnachten dieses würzige Sirupgebäck zu backen, fast 200 Jahre alt. Auch mit Vollkornmehl schmecken die Braunen Kuchen vorzüglich.

Zutaten für etwa 90 Stück (2½ Backbleche):
125 g Butter · 125 g Zuckerrübensirup (unraffiniert) · 60 g Zuckerrohrgranulat · 1 Teel.

Gebäck für den bunten Teller

Zimtpulver · ½ Teel. gemahlener Kardamom ·
¼ Teel. gemahlene Nelken · 1 Ei · 250 g Weizen, fein gemahlen · 1 Teel. Hirschhornsalz ·
1 Eßl. Wasser
Für das Backblech: Backtrennpapier
Für die Arbeitsfläche: etwas Mehl
Pro Stück etwa 120 kJ/29 kcal
0 g Eiweiß · 1 g Fett · 4 g Kohlenhydrate ·
0 g Ballaststoffe

Vorbereitungszeit: etwa 25 Minuten
Ruhezeit: etwa 50 Minuten
Fertigstellung: etwa 15 Minuten
Backzeit pro Blech: 10–12 Minuten

✳ Die Butter, den Sirup und das Granulat in einen Topf geben und bei schwacher Hitze erwärmen.
✳ Die Sirupmasse in eine Rührschüssel geben und abkühlen lassen, dann mit den Gewürzen und dem Ei schaumig rühren. Das Weizenvollkornmehl mit einem Rührlöffel unter die Schaummasse heben. Das Hirschhornsalz in dem Wasser auflösen und unterrühren.
✳ Den Teig zugedeckt bei Zimmertemperatur etwa 30 Minuten ruhen lassen.
✳ Ein Backblech mit Backtrennpapier auslegen. Den Backofen auf 200° vorheizen.
✳ Den Teig auf der leicht bemehlten Arbeitsfläche messerrückendick ausrollen. Mit dem Teigrädchen etwa 4 × 5 cm große Plätzchen ausschneiden. Die Plätzchen auf das Backblech setzen.
✳ Das Backblech in den Backofen (Mitte) schieben, und die Plätzchen in 10–12 Minuten knusprig braun backen.
✳ Das Gebäck sofort vom Backblech nehmen und auf einem Kuchengitter auskühlen lassen.

Tip: In einer gut schließenden Dose bleiben die Braunen Kuchen lange knusprig und frisch.

Gespritzte Ringchen
Bild Seite 64

Zutaten für etwa 90 Stück (2 Backbleche):
130 g weiche Butter · 120 g Honig · 2 Eier ·
1 Prise Meersalz · ½ Teel. gemahlene Vanille ·
125 g Mandeln, frisch gemahlen · 100 g Dinkel, fein gemahlen · 250 g Weizen, fein gemahlen
Für das Backblech: Backtrennpapier
Pro Stück etwa 160 kJ/38 kcal
1 g Eiweiß · 2 g Fett · 4 g Kohlenhydrate ·
1 g Ballaststoffe

Vorbereitungszeit: etwa 10 Minuten
Ruhezeit: etwa 1 Stunde
Fertigstellung: etwa 15 Minuten
Backzeit pro Blech: 10–12 Minuten

✳ Die Butter, den Honig, die Eier, das Salz und die Vanille schaumig rühren. Die Mandeln, das Dinkel- und das Weizenvollkornmehl mit einem Rührlöffel unterrühren.
✳ Den Teig zugedeckt etwa 1 Stunde im Kühlschrank ruhen lassen.
✳ Ein Backblech mit Backtrennpapier auslegen. Den Backofen auf 200° vorheizen.
✳ Den Teig in eine Gebäckspritze füllen und Kränze von etwa 4 cm ⌀ auf das Backblech spritzen.
✳ Das Backblech in den Backofen (Mitte) schieben, und die Ringe in 10–12 Minuten goldbraun backen.

Tip: Dieses Gebäck läßt sich am schnellsten zu zweit herstellen, wenn Sie noch einen Fleischwolf mit Handkurbel besitzen. Den Gebäckvorsatz vor den Fleischwolf schrauben, den Teig einfüllen und durchdrehen.

Gebäck für den bunten Teller

Zitronenkränzchen

Zutaten für etwa 40 Stück (1 Backblech):
100 g Butter · 70 g Honig · 2 Eigelbe · 1 Prise
Meersalz · 3 Eßl. Zitronensaft · abgeriebene
Schale von 1 unbehandelten Zitrone · 50 g
Hirse, fein gemahlen · 150 g Weizen, fein
gemahlen
Für das Backblech: Backtrennpapier
Pro Stück etwa 180 kJ/43 kcal
1 g Eiweiß · 3 g Fett · 5 g Kohlenhydrate ·
1 g Ballaststoffe

Vorbereitungszeit: etwa 10 Minuten
Ruhezeit: etwa 1 Stunde
Fertigstellung: etwa 15 Minuten
Backzeit: etwa 15 Minuten

✳ Die Butter mit dem Honig, den Eigelben und
dem Salz schaumig rühren. Den Zitronensaft
und die Zitronenschale dazugeben. Zuletzt die
Hirse und das Weizenvollkornmehl unterrühren.
✳ Den Teig etwa 1 Stunde im Kühlschrank ruhen lassen.
✳ Den Backofen auf 200° vorheizen. Ein Backblech mit Backtrennpapier auslegen.
✳ Den Teig in eine Gebäckspritze füllen und
kleine Kränze auf das Backblech spritzen.
✳ Das Backblech in den Backofen (Mitte)
schieben, und die Kränzchen in etwa 15 Minuten goldgelb backen.

Zimtkränze

Zutaten für etwa 60 Stück (2 Backbleche):
100 g weiche Butter · 70 g Honig · 2 Eigelbe ·
1 Eßl. Kirschwasser oder Rosenwasser · 2 ge-
häufte Teel. Zimtpulver · ½ Teel. gemahlene
Nelken · 200 g Mandeln, frisch gemahlen ·
120 g Weizen, fein gemahlen

Für das Backblech: Backtrennpapier
Pro Stück etwa 190 kJ/45 kcal
1 g Eiweiß · 3 g Fett · 3 g Kohlenhydrate ·
1 g Ballaststoffe

Vorbereitungszeit: etwa 10 Minuten
Ruhezeit: etwa 1 Stunde
Fertigstellung: etwa 15 Minuten
Backzeit pro Blech: 10–12 Minuten

✳ Die Butter, den Honig, die Eigelbe und das
Kirschwasser oder das Rosenwasser in eine
Rührschüssel geben und schaumig schlagen.
Die Gewürze und die Mandeln unterrühren. Zuletzt das Weizenvollkornmehl untermengen.
✳ Den Teig zugedeckt etwa 1 Stunde im Kühlschrank ruhen lassen.
✳ Ein Backblech mit Backtrennpapier auslegen. Den Backofen auf 200° vorheizen.
✳ Den Teig in eine Gebäckspritze (oder in einen Fleischwolf mit Gebäckvorsatz) füllen und
kleine Kränze von etwa 4 cm Ø auf das Backblech spritzen.
✳ Das Backblech in den Backofen (Mitte)
schieben, und die Kränze in 10–12 Minuten
goldgelb backen.

Zartes Hirsegebäck

Zutaten für etwa 45 Stück (1 Backblech):
20 g Orangeat · 50 g ungeschwefelte
Sultaninen · 100 g weiche Butter · 50 g Honig ·
1 Ei · 1 Eßl. Kirschwasser oder Rosenwasser ·
1 Teel. Weinsteinbackpulver · 50 g Weizen, fein
gemahlen · 150 g Hirse, fein gemahlen
Für das Backblech: Backtrennpapier
Pro Stück etwa 180 kJ/43 kcal
1 g Eiweiß · 3 g Fett · 5 g Kohlenhydrate ·
0 g Ballaststoffe

Vorbereitungszeit: etwa 25 Minuten
Backzeit: etwa 15 Minuten

∗ Das Orangeat und die Sultaninen in kleine Stückchen schneiden.
∗ Ein Backblech mit Backtrennpapier auslegen. Den Backofen auf 200° vorheizen.
∗ Die Butter mit dem Honig, dem Ei und dem Kirschwasser oder dem Rosenwasser schaumig rühren. Das Backpulver mit dem Weizenvollkornmehl, der Hirse, dem Orangeat und den Sultaninen vermischen und unter die Schaummasse rühren.
∗ Mit Hilfe von zwei Teelöffeln von dem Teig kleine Häufchen auf das Backblech setzen.
∗ Das Backblech in den Backofen (Mitte) schieben, und die Hirseplätzchen in etwa 15 Minuten goldgelb backen.
∗ Die Plätzchen auf einem Kuchengitter auskühlen lassen.

Sesam-Rosinenhäufchen

Zutaten für etwa 45 Stück (1 Backblech):
50 g Sesamsamen · 50 g dunkle ungeschwefelte Rosinen (zum Beispiel kalifornische) ·
65 g weiche Butter · 1 Eßl. Öl · 80 g Honig ·
1 Ei · 150 g Weizen, fein gemahlen
Für das Backblech: Backtrennpapier
Pro Stück etwa 170 kJ/40 kcal
1 g Eiweiß · 2 g Fett · 4 g Kohlenhydrate ·
1 g Ballaststoffe

Vorbereitungszeit: etwa 30 Minuten
Backzeit: etwa 15 Minuten

∗ Den Sesam in einer trockenen Pfanne bei mittlerer Hitze leicht anrösten. Danach auf einen Teller geben und auskühlen lassen.
∗ Die Rosinen klein schneiden.

∗ Ein Backblech mit Backtrennpapier auslegen. Den Backofen auf 180° vorheizen.
∗ Die Butter, das Öl, den Honig und das Ei in einer Rührschüssel schaumig rühren. Das Weizenvollkornmehl unter die Schaummasse rühren. Zuletzt den Sesam und die Rosinenstückchen unter den Teig mischen.
∗ Mit Hilfe von zwei Teelöffeln von dem Teig kleine Häufchen auf das Backblech setzen.
∗ Das Backblech in den Backofen (Mitte) schieben, und die Plätzchen in etwa 15 Minuten goldgelb backen.

Walnußplätzchen

Zutaten für etwa 100 Stück (2 Backbleche):
80 g Walnußkerne · 160 g weiche Butter ·
80 g Honig · 1 Ei · 1 Prise Meersalz ·
¼ Teel. gemahlene Vanille · 1 Teel. Zimtpulver ·
1 Teel. Weinsteinbackpulver · 240 g Weizen,
fein gemahlen · 120 g Hafervollkornflocken
Zum Verzieren: Walnußstückchen
Für das Backblech: Backtrennpapier
Pro Stück etwa 150 kJ/36 kcal
1 g Eiweiß · 2 g Fett · 3 g Kohlenhydrate ·
0,5 g Ballaststoffe

Vorbereitungszeit: etwa 30 Minuten
Backzeit pro Blech: 12–15 Minuten

Dattelnüßchen (links) und Haselnuß-Marzipanmakronen (rechts) sind feine Plätzchen aus Makronenmasse, die sich schnell zubereiten und backen lassen.
Rezepte Seite 52 und 50. ▷

Gebäck für den bunten Teller

* Die Walnüsse grob hacken.
* Ein Backblech mit Backtrennpapier auslegen. Den Backofen auf 200° vorheizen.
* Die Butter mit dem Honig und dem Ei schaumig rühren. Das Salz, die Vanille, den Zimt und das Backpulver mit dem Weizenvollkornmehl vermischen. Die Gewürzmehlmischung, die Haferflocken und die Walnüsse unter die Schaummasse rühren.
* Aus dem Teig walnußgroße Kugeln formen. Die Kugeln flachdrücken und auf das Backblech setzen.
* Jedes Plätzchen mit 1 Walnußstückchen verzieren.
* Das Backblech in den Backofen (Mitte) schieben, und die Plätzchen in 12–15 Minuten mittelbraun backen.

Mandelkugeln

Zutaten für etwa 45 Stück (1 Backblech):
2 Eiweiße · 80 g Zuckerrohrgranulat ·
60 g Weizenvollkorngrieß · 70 g Mandeln, frisch gemahlen
Zum Verzieren: etwa 45 Mandeln
Für das Backblech: Backtrennpapier
Pro Stück etwa 130 kJ/31 kcal
1 g Eiweiß · 2 g Fett · 3 g Kohlenhydrate ·
0 g Ballaststoffe

◁ Für die gefüllten Martinshörnchen (von links nach rechts) einen Hefe-Butterteig zubereiten und auf der Arbeitsfläche ausrollen. Die Teigplatte in Dreiecke schneiden, mit etwas Haselnußfüllung belegen und zu Hörnchen aufrollen. Die Hörnchen vor dem Backen mit Eigelbmilch bestreichen und mit Mandelsplittern bestreuen. Rezept Seite 70.

Vorbereitungszeit: etwa 15 Minuten
Quellzeit: 12–14 Stunden (über Nacht)
Fertigstellung: etwa 10 Minuten
Backzeit: 12–15 Minuten

* Die Eiweiße sehr steif schlagen. Das Granulat dazugeben und alles zu einer cremigen Masse rühren. Den Vollkorngrieß und die Mandeln unter die Creme heben.
* Den Teig über Nacht zugedeckt bei Raumtemperatur quellen lassen.
* Ein Backblech mit Backtrennpapier auslegen. Den Backofen auf 200° vorheizen.
* Aus dem Teig etwa kirschgroße Kugeln formen und auf das Backblech setzen.
* Auf jede Kugel 1 Mandel drücken.
* Das Backblech in den Backofen (Mitte) schieben, und die Mandelkugeln in 12–15 Minuten mittelbraun backen.

Carobplätzchen

Zutaten für etwa 40 Stück (1 Backblech):
50 g Carobschokolade · 75 g weiche Butter ·
1 Ei · 65 g Zuckerrohrgranulat · 1 Prise Meersalz · ½ Teel. gemahlene Vanille · ½ Teel. Weinsteinbackpulver · 90 g Weizen, fein gemahlen ·
75 g Mandeln, fein gehackt
Für das Backblech: Backtrennpapier
Pro Stück etwa 200 kJ/48 kcal
1 g Eiweiß · 3 g Fett · 4 g Kohlenhydrate ·
0 g Ballaststoffe

Vorbereitungszeit: etwa 30 Minuten
Backzeit: etwa 15 Minuten

* Die Carobschokolade mit einem Messer in sehr kleine Stücke schneiden.
* Die Butter, das Ei und das Granulat in eine Rührschüssel geben und cremig rühren. Das

Salz, die Vanille und das Backpulver mit dem Weizenvollkornmehl vermischen und unter die Schaummasse rühren. Zuletzt die Carobschokolade und die Mandeln untermischen.

✳ Den Backofen auf 180° vorheizen. Ein Backblech mit Backtrennpapier auslegen.

✳ Von dem Teig mit zwei Teelöffeln kleine Häufchen abstechen und auf das Backblech setzen, dabei jedes Häufchen etwas flachdrücken. Zwischen den Plätzchen genügend Platz lassen, da sie beim Backen etwas auseinanderlaufen.

✳ Das Backblech in den Backofen (Mitte) schieben, und die Plätzchen in etwa 15 Minuten goldbraun backen.

Haferbusserl

Das Geheimnis dieses fruchtigen Makronengebäckes sind getrocknete Äpfel, Aprikosen und Korinthen.

Zutaten für etwa 90 Stück (2 Backbleche):
100 g Mandelblättchen · 100 g getrocknete ungeschwefelte Apfelscheiben · 100 g getrocknete ungeschwefelte Aprikosen · 100 g Korinthen · 200 g Butter · 70 g Honig · 3 Eier · ½ Teel. Zimtpulver · 1 Eßl. Kirschwasser oder Rosenwasser · 1 Prise Meersalz · 175 g feine Hafervollkornflocken · 175 g grobe Hafervollkornflocken · 1 Teel. Weinsteinbackpulver
Für das Backblech: Backtrennpapier
Pro Stück etwa 190 kJ/45 kcal
1 g Eiweiß · 3 g Fett · 4 g Kohlenhydrate · 1 g Ballaststoffe

Vorbereitungszeit: etwa 35 Minuten
Ruhezeit: etwa 15 Minuten
Fertigstellung: etwa 10 Minuten
Backzeit pro Blech: etwa 20 Minuten

✳ Die Mandelblättchen in einer trockenen Pfanne bei mittlerer Hitze unter ständigem Rühren goldbraun rösten. Danach auf einem Teller abkühlen lassen.

✳ Die Trockenfrüchte sehr klein schneiden.

✳ Die Butter mit dem Honig und den Eiern schaumig rühren. Die Trockenfrüchte, den Zimt, das Kirschwasser oder das Rosenwasser und das Salz dazugeben. Zuletzt die Haferflocken, die Mandelblättchen und das Backpulver unterrühren.

✳ Den Teig etwa 15 Minuten quellen lassen.

✳ Den Backofen auf 180° vorheizen. Ein Backblech mit Backtrennpapier auslegen.

✳ Mit Hilfe von zwei Teelöffeln von dem Teig kleine Häufchen auf das Blech setzen.

✳ Das Backblech in den Backofen (Mitte) schieben, und die Plätzchen in etwa 20 Minuten goldgelb backen.

Tip: Wenn Sie die Teelöffel zwischendurch mit Wasser anfeuchten, lassen sich die Teighäufchen besser formen.

Kokosplätzchen

Zutaten für etwa 80 Stück (2 Backbleche):
130 g Kokosflocken · 100 g weiche Butter · 2 Eiweiße · 60 g Honig · 1 Teel. gemahlene Vanille · 1 Prise Meersalz · 75 g Weizen, fein gemahlen · ¼ Teel. Weinsteinbackpulver
Für das Backblech: Backtrennpapier
Pro Stück etwa 95 kJ/22 kcal
0 g Eiweiß · 1 g Fett · 2 g Kohlenhydrate · 0 g Ballaststoffe

Vorbereitungszeit: etwa 20 Minuten
Ruhezeit: etwa 30 Minuten
Fertigstellung: etwa 10 Minuten
Backzeit pro Blech: 10–12 Minuten

Gebäck für den bunten Teller

✳ Die Kokosflocken in einer trockenen Pfanne bei mittlerer Hitze so lange anrösten, bis sie aromatisch duften. Die Flocken auf einem Teller abkühlen lassen.

✳ Die Butter, die Eiweiße, den Honig, die Vanille und das Salz in eine Rührschüssel geben und schaumig rühren. Das Weizenvollkornmehl mit dem Backpulver mischen und unter die Schaummasse mengen. Zuletzt die Kokosflocken unter den Teig rühren.

✳ Den Teig etwa 30 Minuten bei Zimmertemperatur quellen lassen.

✳ Ein Backblech mit Backtrennpapier auslegen. Den Backofen auf 200° vorheizen.

✳ Aus dem Teig mit angefeuchteten Händen kleine Kugeln formen und auf das Backblech setzen. Die Kugeln zu Plätzchen flachdrücken.

✳ Das Backblech in den Backofen (Mitte) schieben, und die Kokosplätzchen in 10–12 Minuten goldgelb backen.

Mandelmakronen

Zutaten für etwa 40 Stück (1 Backblech):
2 Eiweiße · 2 Teel. Rosenwasser · ½ Teel.
Zimtpulver · 80 g Zuckerrohrgranulat ·
180 g Mandeln, frisch gemahlen · 40 Vollkornoblaten von 5 cm ⌀
Pro Stück etwa 150 kJ/36 kcal
1 g Eiweiß · 2 g Fett · 2 g Kohlenhydrate ·
0 g Ballaststoffe

Vorbereitungszeit: etwa 25 Minuten
Backzeit: etwa 35 Minuten

✳ Die Eiweiße sehr steif schlagen. Das Rosenwasser, den Zimt und das Granulat dazugeben. So lange weiterrühren, bis eine dicke cremige Masse entsteht. Zuletzt die Mandeln unter die Creme heben.

✳ Den Backofen auf 150° vorheizen.

✳ Die Oblaten nebeneinander auf das Backblech legen.

✳ Mit Hilfe von zwei Teelöffeln von dem Teig kleine Häufchen abstechen und auf die Oblaten setzen. Zwischendurch die Teelöffel mit Wasser befeuchten.

✳ Das Backblech in den Backofen (Mitte) schieben, und die Makronen etwa 35 Minuten backen, bis sie etwas Farbe angenommen haben.

Kokosmakronen

Zutaten für etwa 40 Stück (1 Backblech):
2 Eiweiße · 80 g Zuckerrohrgranulat ·
¼ Teel. gemahlene Vanille · 120 g Kokosflocken · 40 Vollkornoblaten von 5 cm ⌀
Pro Stück etwa 90 kJ/21 kcal
0 g Eiweiß · 1 g Fett · 4 g Kohlenhydrate ·
0 g Ballaststoffe

Vorbereitungszeit: etwa 25 Minuten
Backzeit: etwa 35 Minuten

✳ Die Eiweiße sehr steif schlagen. Das Granulat nach und nach dazugeben und so lange weiterrühren, bis eine cremige Masse entsteht. Die Vanille und die Kokosflocken unter die Creme heben.

✳ Den Backofen auf 150° vorheizen.

✳ Die Oblaten nebeneinander auf das Backblech legen.

✳ Mit Hilfe von zwei Teelöffeln von dem Teig kleine Häufchen abstechen und auf die Oblaten setzen.

✳ Das Backblech in den Backofen (Mitte) schieben, und die Makronen etwa 35 Minuten backen, bis sie etwas Farbe angenommen haben.

Nougatplätzchen
Bild Seite 10

Eine Art Makronengebäck, das mit einer Nougatcreme gefüllt wird.

Zutaten für etwa 32 Stück (1½ Backbleche):
80 g Butter · 4 Eiweiße · 120 g Zuckerrohr-
granulat · ½ Teel. gemahlene Vanille · 150 g
Mandeln, frisch gemahlen · 40 g Weizen, fein
gemahlen
Für die Füllung: 100 g Mandeln, sehr fein
gemahlen · 40 g Honig · 4 Eßl. starker kalter
Kaffee · 2 Teel. Kakaopulver · 4 Eßl. Sahne
Für das Backblech: Backtrennpapier
Pro Stück etwa 400 kJ/95 kcal
2 g Eiweiß · 7 g Fett · 6 g Kohlenhydrate ·
1 g Ballaststoffe

Vorbereitungszeit: etwa 35 Minuten
Ruhezeit: etwa 15 Minuten
Backzeit pro Blech: 25–30 Minuten
Fertigstellung: etwa 20 Minuten

✳ Die Butter in ein Pfännchen geben und bei schwacher Hitze zerlassen.
✳ Die Eiweiße sehr steif schlagen. Das Granulat und die Vanille dazugeben und so lange weiterrühren, bis eine dicke Creme entsteht. Die Mandeln und das Weizenvollkornmehl unter die Masse heben. Zuletzt die Butter unterrühren.
✳ Den Teig etwa 15 Minuten bei Zimmertemperatur quellen lassen.
✳ In der Zwischenzeit den Backofen auf 160° vorheizen. Ein Backblech mit Backtrennpapier auslegen.
✳ Mit Hilfe von zwei Teelöffeln von dem Teig kleine ovale Plätzchen auf das Backblech streichen.
✳ Das Backblech in den Backofen (Mitte) schieben, und die Plätzchen in 25–30 Minuten hellbraun backen.

✳ Das Gebäck mit einer Palette vom Backblech nehmen und auf einem Kuchengitter auskühlen lassen.
✳ Für die Füllung die Mandeln, den Honig, den Kaffee, den Kakao und die Sahne mit den Quirlen des Handrührgerätes auf höchster Schaltstufe miteinander verrühren.
✳ Das Gebäck mit der Nougatcreme füllen. Dafür die glatte Unterseite der Hälfte der Plätzchen mit etwas Creme bestreichen und die restlichen Plätzchen daraufsetzen.

Haselnuß-Marzipanmakronen
Bild Seite 45

Zutaten für etwa 40 Stück (1 Backblech):
80 g Haselnußkerne, frisch gemahlen ·
2 Eiweiße · 80 g Zuckerrohrgranulat · 1 Teel.
Zimtpulver · 100 g Honigmarzipan (siehe
Grundrezept Seite 99) · 40 Vollkornoblaten
von 5 cm Ø
Pro Stück etwa 140 kJ/33 kcal
1 g Eiweiß · 2 g Fett · 3 g Kohlenhydrate ·
0 g Ballaststoffe

Vorbereitungszeit: etwa 30 Minuten
Backzeit: etwa 20 Minuten

✳ Die Haselnüsse in einer trockenen Pfanne bei mittlerer Hitze leicht rösten. Auf einen Teller geben und abkühlen lassen.
✳ Den Backofen auf 175° vorheizen.
✳ Die Eiweiße sehr steif schlagen. Das Granulat und den Zimt dazugeben und so lange weiterrühren, bis eine cremige Masse entsteht.
✳ Das Honigmarzipan mit den Händen zerbröseln und untermischen. Zuletzt die Haselnüsse mit einem Rührlöffel unterrühren.
✳ Die Oblaten nebeneinander auf das Backblech legen.

Gebäck für den bunten Teller

* Mit zwei Teelöffeln von dem Teig kleine Häufchen abstechen und auf die Oblaten setzen. Zwischendurch die Teelöffel befeuchten.
* Das Backblech in den Backofen (Mitte) schieben, und die Makronen etwa 20 Minuten backen, bis die Oberfläche leicht gebräunt ist.

Zimtsterne
Bild 3. Umschlagseite

Zutaten für etwa 30 Stück (1 Backblech):
250 g Mandeln, frisch gemahlen · 2 Eiweiße ·
100 g Honig · 1 Teel. Zimtpulver · 1 Teel.
Kirschwasser oder Rosenwasser
Für das Backblech: Backtrennpapier
Für die Arbeitsfläche: etwas Mehl
Pro Stück etwa 260 kJ/62 kcal
2 g Eiweiß · 5 g Fett · 4 g Kohlenhydrate ·
1 g Ballaststoffe

Vorbereitungszeit: etwa 20 Minuten
Ruhezeit: etwa 30 Minuten
Fertigstellung: etwa 15 Minuten
Backzeit: 20–25 Minuten

* Die Mandeln in einer trockenen Pfanne bei mittlerer Hitze leicht anrösten, danach auf einem Teller abkühlen lassen.
* Die Eiweiße sehr steif schlagen. Nach und nach den Honig hinzufügen und so lange weiterrühren, bis eine dicke Creme entsteht.
* Von der Eiweißmasse etwa 2 Eßlöffel für die Glasur beiseite stellen.
* Den Zimt, das Kirschwasser oder das Rosenwasser und die Mandeln unter die restliche Eiweißmasse heben.
* Den Teig etwa 30 Minuten bei Zimmertemperatur ruhen lassen.
* Ein Backblech mit Backtrennpapier auslegen. Den Backofen auf 160° vorheizen.

* Den Teig auf der leicht bemehlten Arbeitsfläche in kleinen Portionen etwa ½ cm dick ausrollen. Sterne von etwa 4 cm Ø ausstechen und auf das Backblech setzen.
* Jeden Stern mit Eiweißmasse bestreichen.
* Das Backblech in den Backofen (Mitte) schieben, und die Zimtsterne 20–25 Minuten backen, bis die Oberfläche leicht gebräunt ist.

Baseler Herzen

Ein mürbes Mandelgebäck mit Zitronenglasur nach einem Schweizer Rezept.

Zutaten für etwa 30 Stück (1½ Backbleche):
1 Eßl. Butter · 2 Eiweiße · 160 g Honig · 1 Prise
Meersalz · ½ Teel. gemahlene Vanille · 2 Teel.
Zimtpulver · ½ Teel. gemahlene Nelken · 2 Teel.
Kakao- oder Carobpulver · 350 g Mandeln,
frisch gemahlen · 1 Teel. Weinsteinbackpulver
Für die Glasur: 4 Eßl. Zuckerrohrgranulat ·
4 Eßl. Zitronensaft
Für das Backblech: Backtrennpapier
Für die Arbeitsfläche: etwas Mehl
Pro Stück etwa 430 kJ/100 kcal
3 g Eiweiß · 7 g Fett · 7 g Kohlenhydrate ·
1 g Ballaststoffe

Vorbereitungszeit: etwa 20 Minuten
Quellzeit: etwa 30 Minuten
Fertigstellung: etwa 15 Minuten
Backzeit pro Blech: etwa 15 Minuten

* Die Butter in ein Pfännchen geben und bei schwacher Hitze zerlassen.
* Die Eiweiße mit dem Honig, dem Salz und den Gewürzen schaumig rühren. Die Butter unterrühren. Den Kakao oder Carob mit den Mandeln und dem Backpulver vermischen und unter die Schaummasse mengen.

* Den Teig bei Zimmertemperatur etwa 30 Minuten quellen lassen.
* Ein Backblech mit Backtrennpapier auslegen. Den Backofen auf 180° vorheizen.
* Den Teig auf der leicht bemehlten Arbeitsfläche in kleinen Portionen etwa 1 cm dick ausrollen. Herzen von etwa 5 cm Größe ausstechen.
* Die Oberfläche der Plätzchen mit einem Messerrücken quer einkerben, so daß ein Rippenmuster entsteht. Die Plätzchen auf das Backblech legen.
* Das Backblech in den Backofen (Mitte) schieben, und die Herzen in etwa 15 Minuten goldbraun backen.
* In der Zwischenzeit für die Glasur das Granulat mit dem Zitronensaft unter ständigem Rühren etwas einkochen lassen.
* Die Herzen nach dem Backen sofort mit der Glasur bestreichen und anschließend auf einem Kuchengitter auskühlen lassen.

Dattelnüßchen

Bild Seite 45

Zutaten für etwa 50 Stück (1 Backblech):
120 g getrocknete Datteln (ohne Stein) ·
2 Eiweiße · 1 Eßl. Honig · ½ Teel. gemahlene
Vanille · 2 Teel. Zitronensaft · 40 g Haselnuß
kerne, frisch gemahlen · 40 g Kokosflocken
Für das Backblech: Backtrennpapier
Pro Stück etwa 72 kJ/17 kcal
0 g Eiweiß · 1 g Fett · 3 g Kohlenhydrate ·
0 g Ballaststoffe

Vorbereitungszeit: etwa 20 Minuten
Quellzeit: etwa 30 Minuten
Fertigstellung: etwa 10 Minuten
Backzeit: etwa 12 Minuten

* Die Datteln in kleine Stückchen schneiden.

* Die Eiweiße in eine Rührschüssel geben und sehr steif schlagen. Den Honig, die Vanille und den Zitronensaft dazugeben und alles cremig rühren. Zuletzt die Haselnüsse, die Kokosflokken und die Datteln unter die Creme rühren.
* Die Masse zugedeckt etwa 30 Minuten quellen lassen.
* Ein Backblech mit Backtrennpapier auslegen. Den Backofen auf 160° vorheizen.
* Mit Hilfe von zwei Teelöffeln von dem Teig etwa kirschgroße Häufchen abstechen und auf das Backblech setzen.
* Das Backblech in den Backofen (Mitte) schieben, und die Dattelnüßchen etwa 12 Minuten backen, bis sie Farbe angenommen haben.

Russisch Brot

Der angenehm würzige Teig dieses Weihnachtsgebäckes wird in beliebigen Buchstaben oder Zahlen auf das Backblech gespritzt.

Zutaten für etwa 50 Stück (2 Backbleche):
2 Eiweiße · 1 Prise Meersalz · ½ Teel. gemah
lene Vanille · 1 Teel. Zimtpulver · ½ Teel. ge
mahlene Nelken · 1 Teel. Zuckerrübensirup
(unraffiniert) · 40 g Zuckerrohrgranulat ·
2 Eigelbe · 80 g Weizen, fein gemahlen ·
1 Teel. Kakaopulver
Für das Backblech: Backtrennpapier
Pro Stück etwa 50 kJ/12 kcal
1 g Eiweiß · 0 g Fett · 2 g Kohlenhydrate ·
0 g Ballaststoffe

Vorbereitungszeit: etwa 15 Minuten
Ruhezeit: etwa 10 Minuten
Backzeit pro Blech: etwa 8 Minuten

* Die Eiweiße und das Salz in eine Rührschüssel geben und sehr steif schlagen. Die Gewür-

ze, den Sirup und das Granulat dazugeben und so lange weiterrühren, bis eine dicke Creme entsteht.

* Die Eigelbe hinzufügen und mit den Quirlen des Handrührgerätes auf niedriger Schaltstufe unterrühren. Zuletzt das Weizenvollkornmehl und den Kakao mit einem Schneebesen unter die Eimasse ziehen.
* Den Teig etwa 10 Minuten bei Zimmertemperatur ruhen lassen.
* Ein Backblech mit Backtrennpapier auslegen. Den Backofen auf 200° vorheizen.
* Den weichen Teig in eine Spritztülle füllen und beliebige Buchstaben oder Zahlen auf das Backblech spritzen. Dabei den Teig nicht zu dick auftragen, da er noch etwas auseinanderläuft.
* Das Backblech in den Backofen (Mitte) schieben, und die Plätzchen in etwa 8 Minuten knusprig backen.
* Die Plätzchen auskühlen lassen und anschließend in einer gut schließenden Dose aufbewahren.

Löffelbiskuits

Ein zartes Gebäck aus Biskuitteig, das schnell zubereitet ist und nicht nur zu Weihnachten schmeckt. Besonders bei kleinen Kindern ist es sehr beliebt.

Zutaten für etwa 40 Stück (1½ Backblecho):
2 Eiweiße · ½ Teel. gemahlene Vanille · 40 g Zuckerrohrgranulat · 2 Eigelbe · 65 g Weizen, fein gemahlen
Für das Backblech: Backtrennpapier
Pro Stück etwa 54 kJ/13 kcal
1 g Eiweiß · 0 g Fett · 2 g Kohlenhydrate · 0 g Ballaststoffe

Vorbereitungszeit: etwa 15 Minuten
Ruhezeit: etwa 15 Minuten
Fertigstellung: etwa 10 Minuten
Backzeit pro Blech: 10–12 Minuten

* Die Eiweiße sehr steif schlagen. Die Vanille und das Zuckerrohrgranulat dazugeben und so lange weiterrühren, bis eine dicke Creme entsteht.
* Die Eigelbe hinzufügen und mit den Quirlen des Handrührgerätes auf niedriger Stufe unterrühren. Das Weizenmehl mit einem Schneebesen vorsichtig unter die Eimasse ziehen.
* Den Teig etwa 15 Minuten bei Zimmertemperatur ruhen lassen.
* Ein Backblech mit Backtrennpapier auslegen. Den Backofen auf 200° vorheizen.
* Den Biskuitteig in eine Spritztülle füllen und in Form von Löffelbiskuits (etwa 10 cm lange Stäbchen, die an den Enden etwas dicker sind) auf das Backblech spritzen.

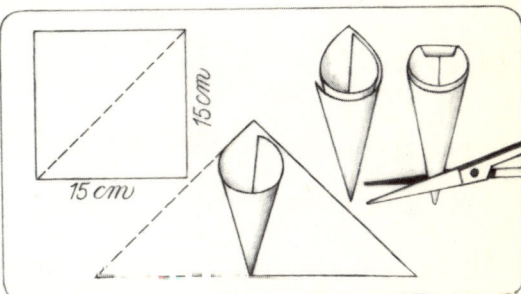

Wenn Sie keine Spritztülle besitzen, können Sie sich, wie hier abgebildet, aus Papier selbst eine basteln.

* Das Backblech in den Backofen (Mitte) schieben, und die Löffelbiskuits in 10–12 Minuten knusprig backen.
* Das Gebäck mit einer Palette vorsichtig vom Backblech heben und auf einem Kuchengitter auskühlen lassen.

Allerlei Plätzchen ohne Ei

In der Vollwertküche sollten tierisches Eiweiß und somit auch Eier nur in Maßen verwendet werden. Mit den folgenden Rezepten möchte ich Ihnen zeigen, wie man auch ohne die Verwendung von Eiern eine Vielfalt von feinem Gebäck herstellen kann.

Mürbe Vanillebrezeln

Zutaten für etwa 70 Stück (2 Backbleche):
180 g kalte Butter · 280 g Weizen, fein gemahlen · 1 Teel. gemahlene Vanille · 1 Prise Meersalz · ½ Teel. Weinsteinbackpulver · 2 Eßl. flüssiger Honig
Zum Bestreichen: 2 Eßl. Sahne · 2 Eßl. flüssiger Honig
Für das Backblech: Backtrennpapier
Für die Arbeitsfläche: etwas Mehl
Pro Stück etwa 150 kJ/36 kcal
0 g Eiweiß · 2 g Fett · 3 g Kohlenhydrate · 1 g Ballaststoffe

Vorbereitungszeit: etwa 15 Minuten
Ruhezeit: etwa 1 Stunde
Fertigstellung: etwa 30 Minuten
Backzeit pro Blech: etwa 12 Minuten

✳ Die Butter in kleine Würfel schneiden, dann mit dem Weizenvollkornmehl, der Vanille, dem Salz und dem Backpulver in eine Rührschüssel geben. Diese Zutaten mit den Händen so lange vermengen, bis feine Brösel entstehen. Den Honig dazugeben und alles kräftig unterkneten.
✳ Den Teig zugedeckt etwa 1 Stunde im Kühlschrank ruhen lassen.
✳ Ein Backblech mit Backtrennpapier auslegen. Den Backofen auf 200° vorheizen.
✳ Den Teig auf der leicht bemehlten Arbeitsfläche geschmeidig kneten. Walnußgroße Kugeln von dem Teig abnehmen und zu etwa 16 cm langen Rollen formen. Die Teigrollen zu Brezeln zusammenlegen und auf das Backblech setzen.
✳ Die Sahne mit dem Honig verrühren und die Brezeln damit bestreichen.
✳ Das Backblech in den Backofen (Mitte) schieben, und die Plätzchen in etwa 12 Minuten goldgelb backen.

Butterspekulatius
Bild Umschlag-Rückseite

Zutaten für 60–80 Stück (1½ Backbleche):
180 g kalte Butter · 170 g Zuckerrohrgranulat · 1 Teel. Zimtpulver · ½ Teel. gemahlener Kardamom · ¼ Teel. gemahlene Vanille · 500 g Weizen, fein gemahlen · 6 Eßl. Wasser
Für das Backblech: Backtrennpapier · 100 g Mandelblättchen
Für die Arbeitsfläche: etwas Mehl
Bei 80 Stück etwa 220 kJ/52 kcal
1 g Eiweiß · 3 g Fett · 6 g Kohlenhydrate · 1 g Ballaststoffe pro Stück

Vorbereitungszeit: etwa 20 Minuten
Ruhezeit: etwa 40 Minuten
Fertigstellung: etwa 30 Minuten
Backzeit pro Blech: 10–12 Minuten

✳ Die Butter in kleine Würfel schneiden, dann mit dem Granulat, den Gewürzen und dem Weizenvollkornmehl in eine Rührschüssel geben. Diese Zutaten mit den Händen so lange vermengen, bis feine Brösel entstehen. Zuletzt das Wasser dazugeben und alles zu einem geschmeidigen Teig verkneten.
✳ Den Teig in Pergamentpapier wickeln und etwa 40 Minuten im Kühlschrank ruhen lassen.
✳ Den Backofen auf 200° vorheizen. Ein Backblech mit Backtrennpapier auslegen und die Mandelblättchen darauf streuen.

✴ Den Mürbeteig auf der leicht bemehlten Arbeitsfläche messerrückendick ausrollen und verschiedene Formen ausstechen. Die Plätzchen auf das Backblech setzen.

✴ Das Backblech in den Backofen (Mitte) schieben, und die Spekulatius in etwa 12 Minuten goldgelb backen.

✴ Die Spekulatius mit einer Palette vom Blech nehmen und auf einem Kuchengitter abkühlen lassen.

Tip: Für das Formen von Spekulatius gibt es sehr schöne Holzmodeln. Sie finden sie in Spezialgeschäften oder auf dem Christkindlesmarkt. Die Model wird mit Mehl bestäubt und der Teig kräftig in die Form gedrückt. Den überstehenden Teig abschneiden und den Teig aus der Model herausklopfen.

Haselnußtaler

Zutaten für etwa 60 Stück (1½ Backbleche):
150 g weiche Butter · 90 g Honig · 3 Eßl.
Sahne · 1 Prise Meersalz · ½ Teel. gemahlene
Vanille · 80 g Haselnußkerne, frisch gemahlen ·
250 g Weizen, fein gemahlen · ½ Teel. Wein-
steinbackpulver
Zum Verzieren: etwa 60 Haselnußkerne
Für das Backblech: Backtrennpapier
Pro Stück etwa 210 kJ/50 kcal
1 g Eiweiß · 3 g Fett · 4 g Kohlenhydrate ·
1 g Ballaststoffe

Vorbereitungszeit: etwa 15 Minuten
Ruhezeit: etwa 1 Stunde
Fertigstellung: etwa 10 Minuten
Backzeit pro Blech: 15–20 Minuten

✴ Die Butter mit dem Honig und der Sahne schaumig rühren. Das Salz, die Vanille und die

Haselnüsse dazugeben und unterrrühren. Das Weizenvollkornmehl mit dem Backpulver vermischen und mit einem Rührlöffel unter die Schaummasse ziehen.

✴ Den geschmeidigen Teig zugedeckt etwa 1 Stunde im Kühlschrank ruhen lassen.

✴ Den Backofen auf 180° vorheizen. Ein Backblech mit Backtrennpapier auslegen.

✴ Den Teig halbieren und zwei Rollen von etwa 5 cm Ø formen. Die Teigrollen in etwa ½ cm dicke Scheiben schneiden. Die Form etwas korrigieren. Die Scheiben auf das Backblech legen und jede Scheibe mit 1 Haselnuß verzieren.

✴ Das Backblech in den Backofen (Mitte) schieben, und die Haselnußtaler in 15–20 Minuten knusprig backen.

Honigprinten
Bild 2. Umschlagseite

Am Niederrhein hat die Tradition der Printenbäckerei ihren Ursprung. Das rechteckig geformte, würzige Gebäck gehört zu den ältesten Weihnachtsgebäcken. Berühmt sind vor allem die Aachener Printen.

Zutaten für etwa 25 Stück (1 Backblech):
100 g Honig · 25 g Butter · 30 g Orangeat ·
¼ Teel. gemahlener Anis · ¼ Teel. gemahlene
Nelken · ¼ Teel. gemahlener Kardamom ·
1 Teel. gemahlene Vanille · 150 g Weizen,
fein gemahlen · 1 Teel. Hirschhornsalz ·
1 Eßl. Rosenwasser
Zum Verzieren: 2 Eßl. Milch · 2 Eßl. Honig ·
50 g geschälte halbierte Mandeln
Für das Backblech: Backtrennpapier
Für die Arbeitsfläche: etwas Mehl
Pro Stück etwa 250 kJ/60 kcal
1 g Eiweiß · 3 g Fett · 9 g Kohlenhydrate ·
1 g Ballaststoffe

Allerlei Plätzchen ohne Ei

Vorbereitungszeit: etwa 25 Minuten
Ruhezeit: etwa 1 Stunde
Fertigstellung: etwa 15 Minuten
Backzeit: etwa 15 Minuten

* Den Honig und die Butter in einen Topf geben und bei schwacher Hitze erwärmen.
* Den Topf vom Herd nehmen, die Masse in eine Rührschüssel geben und abkühlen lassen.
* Das Orangeat in kleine Stücke schneiden. Die Gewürze, das Orangeat und das Weizenvollkornmehl unter das Honiggemisch rühren.
* Das Hirschhornsalz in dem Rosenwasser auflösen und unter den Teig heben.
* Den Teig zugedeckt bei Zimmertemperatur etwa 1 Stunde ruhen lassen.
* Ein Backblech mit Backtrennpapier auslegen. Den Backofen auf 200° vorheizen.
* Den Teig auf der bemehlten Arbeitsfläche kurz durchkneten und 4–5 mm dick ausrollen. Den Teig in etwa 4 × 7 cm große Rechtecke schneiden und auf das Backblech legen.
* Die Milch mit dem Honig verquirlen. Die Printen damit bestreichen und mit den Mandelhälften verzieren.
* Das Backblech in den Backofen (Mitte) schieben, und die Printen in etwa 15 Minuten goldbraun backen.
* Die Printen vor dem Probieren an einem kühlen Ort offen einige Tage durchziehen lassen, damit sich das Gewürzaroma gut entfalten kann.

Pfeffernüsse
Bild Seite 9

Zutaten für etwa 90 Stück (2 Backbleche):
50 g Orangeat · 100 g Butter · 125 g Zuckerrübensirup (unraffiniert) · 80 g Honig · 1 Eßl. Rosenwasser · 100 g Sahne · 1 Teel. Zimt-pulver · ¼ Teel. gemahlene Nelken · ¼ Teel. gemahlener Kardamon · ¼ Teel. gemahlener Pfeffer · 120 g Mandeln, frisch gemahlen · 250 g Weizen, fein gemahlen · 1 Teel. Hirschhornsalz · 1 Eßl. Wasser
Zum Verzieren: etwa 45 geschälte halbierte Mandeln
Für das Backblech: Backtrennpapier
Pro Stück etwa 190 kJ/45 kcal
1 g Eiweiß · 3 g Fett · 4 g Kohlenhydrate · 1 g Ballaststoffe

Vorbereitungszeit: etwa 30 Minuten
Ruhezeit: 12–14 Stunden (über Nacht)
Fertigstellung: etwa 15 Minuten
Backzeit pro Blech: 15–20 Minuten

* Das Orangeat in möglichst kleine Stückchen schneiden.
* Die Butter, den Sirup und den Honig in einen Topf geben und unter ständigem Rühren bei schwacher Hitze erwärmen.
* Die Sirupmasse etwas abkühlen lassen und in eine Rührschüssel geben. Das Rosenwasser und die Sahne hinzufügen. Das Orangeat, die Gewürze, die Mandeln und das Weizenvollkornmehl untermengen.
* Zuletzt das Hirschhornsalz in dem Wasser auflösen und unter den Teig rühren.
* Den Teig zugedeckt über Nacht bei Zimmertemperatur stehenlassen.
* Ein Backblech mit Backtrennpapier auslegen. Den Backofen auf 180° vorheizen.
* Den Teig kurz durchkneten und zu etwa walnußgroßen Kugeln formen. Die Kugeln auf das Backblech setzen und jeweils mit 1 Mandelhälfte verzieren.
* Das Backblech in den Backofen (Mitte) schieben, und die Pfeffernüsse in 15–20 Minuten mittelbraun backen.

Krokantschnitten

Bild Seite 64

Zutaten für etwa 70 Stücke (1 Backblech):
125 g kalte Butter · 250 g Weizen, fein
gemahlen · 1 Prise Meersalz · 2 Eßl. Öl ·
3 Eßl. Wasser
Für den Belag: 50 g Haselnußkerne · 50 g
Mandeln · 50 g Walnußkerne · 50 g Cashewker-
ne (Bruch) · 50 g Zitronat · 50 g Orangeat ·
50 g getrocknete Datteln (ohne Stein) · 60 g
Butter · 3 Eßl. Honig · ½ Teel. gemahlene
Vanille · 125 g Sahne · 50 g feine Hafervollkorn-
flocken
Zum Bestreichen: 2–3 Eßl. honiggesüßte Mar-
melade (zum Beispiel aus Aprikosen)
Für das Backblech: Backtrennpapier
Pro Stück etwa 300 kJ/71 kcal
1 g Eiweiß · 6 g Fett · 6 g Kohlenhydrate ·
1 g Ballaststoffe

Vorbereitungszeit: etwa 30 Minuten
Ruhezeit: etwa 45 Minuten
Fertigstellung: etwa 30 Minuten
Backzeit: etwa 25 Minuten

✳ Die Butter in kleine Würfel schneiden, mit
dem Weizenvollkornmehl und dem Salz in eine
Rührschüssel geben und mit den Händen zu
feinen Bröseln vermengen. Das Öl und das
Wasser dazugeben und alles zu einem ge-
schmeidigen Teig verkneten.
✳ Den Teig zugedeckt etwa 45 Minuten im
Kühlschrank ruhen lassen.
✳ Für den Belag die Haselnüsse, die Mandeln,
die Walnüsse und die Cashewkerne mit einem
Messer in kleine Stücke schneiden. Das Zitro-
nat, das Orangeat und die Datteln sehr klein
schneiden.
✳ Den Backofen auf 180° vorheizen. Ein Back-
blech mit Backtrennpapier auslegen.
✳ Die Butter, den Honig, die Vanille und die

Sahne in einen Topf geben und etwa 5 Minuten
bei mittlerer Hitze kochen lassen.
✳ Den Topf vom Herd nehmen. Die Nüsse, die
Früchte und die Haferflocken unterrühren.
✳ Den Mürbeteig auf der bemehlten Arbeitsfläche in der Größe des Backblechs ausrollen.
Den Teig locker zusammenfalten, auf das Backblech legen und wieder auseinanderfalten. Mit
einer Gabel mehrmals einstechen.
✳ Das Backblech in den Backofen (Mitte)
schieben, und den Mürbeteigboden etwa 10 Minuten vorbacken.
✳ Die Marmelade dünn auf dem Mürbeteig verstreichen. Den Belag gleichmäßig darauf verteilen und etwas andrücken.
✳ Das Backblech in den Backofen (Mitte)
schieben, und den Kuchen in etwa 15 Minuten
fertig backen, bis er hellbraun ist.
✳ Das Backblech aus dem Backofen nehmen
und den Kuchen in etwa 4 × 4 cm große Stücke
schneiden.
✳ Die Krokantschnitten auf einem Kuchengitter
auskühlen lassen.

Wiener Korinthengebäck

Zutaten für etwa 35 Stück (1 Backblech):
100 g weiche Butter · 60 g Honig · ¼ Teel.
gemahlener Kardamom · 3 Eßl. Sahne ·
2 Eßl. Wasser · 150 g Weizen, fein gemahlen ·
50 g Korinthen
Für das Backblech: Backtrennpapier
Pro Stück etwa 200 kJ/48 kcal
1 g Eiweiß · 3 g Fett · 5 g Kohlenhydrate ·
1 g Ballaststoffe

Vorbereitungszeit: etwa 15 Minuten
Ruhezeit: etwa 20 Minuten
Fertigstellung: etwa 10 Minuten
Backzeit: 12–15 Minuten

Allerlei Plätzchen ohne Ei

* Die Butter mit dem Honig und dem Kardamom cremig rühren. Die Sahne, das Wasser und das Weizenvollkornmehl unterrühren. Zuletzt die Korinthen untermengen.
* Den Teig etwa 20 Minuten ruhen lassen.
* Ein Backblech mit Backtrennpapier auslegen. Den Backofen auf 200° vorheizen.
* Mit Hilfe von zwei Teelöffeln von dem Teig kleine Häufchen abstechen und nicht zu dicht auf das Backblech setzen. Etwas flachdrücken.
* Das Backblech in den Backofen (Mitte) schieben, und die Plätzchen in 12–15 Minuten goldgelb backen.
* Das Gebäck sofort vom Backblech nehmen und auf einem Kuchengitter auskühlen lassen.

Nuß-Rosinenkipferl

Zutaten für etwa 50 Stück (1½ Backbleche):
Für die Füllung: 50 g ungeschwefelte Rosinen ·
50 g getrocknete ungeschwefelte Äpfel ·
100 g Haselnußkerne, frisch gemahlen ·
¼ Teel. Zimtpulver · 2 Eßl. Sahne ·
2 Eßl. Honig
Für den Teig: 130 g kalte Butter · 250 g Weizen, fein gemahlen · 1 Prise Meersalz · ¼ Teel. Weinsteinbackpulver · 4 Eßl. Sahne · 2 Eßl. Honig
Zum Bestreichen: 1 Eßl. Sahne · 1 Eßl. flüssiger Honig
Für das Backblech: Backtrennpapier
Für die Arbeitsfläche: etwas Mehl
Pro Stück etwa 280 kJ/67 kcal
1 g Eiweiß · 4 g Fett · 6 g Kohlenhydrate ·
1 g Ballaststoffe

Vorbereitungszeit: etwa 30 Minuten
Ruhezeit: etwa 1 Stunde
Fertigstellung: etwa 20 Minuten
Backzeit pro Blech: etwa 15 Minuten

* Für die Füllung die Rosinen und die Äpfel in kleine Stückchen schneiden.
* Die Trockenfrüchte, die Nüsse, den Zimt, die Sahne und den Honig zu einer weichen Masse verkneten. Die Füllung zudecken und durchziehen lassen.
* Für den Mürbeteig die Butter in kleine Würfel schneiden und mit dem Weizenvollkornmehl, dem Salz und dem Backpulver in eine Rührschüssel geben. Die Zutaten mit den Händen so lange vermengen, bis feine Brösel entstehen. Die Sahne und den Honig dazugeben und alles zu einem geschmeidigen Teig verkneten.
* Den Mürbeteig zugedeckt etwa 1 Stunde im Kühlschrank ruhen lassen.
* Ein Backblech mit Backtrennpapier auslegen. Den Backofen auf 200° vorheizen.
* Den Mürbeteig auf der leicht bemehlten Arbeitsfläche etwa 3 mm dick ausrollen und mit dem Teigrädchen in etwa 5 × 5 cm große Quadrate teilen.
* Mit Hilfe von zwei Teelöffeln kleine Häufchen von der Füllung auf die Quadrate setzen. Den Teig von einer Ecke zur gegenüberliegenden Ecke aufrollen und zu Kipferln formen. Die Kipferl auf das Blech setzen.
* Die Sahne mit dem Honig verrühren und die Kipferl damit bestreichen.
* Das Backblech in den Backofen (Mitte) schieben, und die Kipferl in etwa 15 Minuten goldgelb backen.

Feine Nußringe

Zutaten für etwa 80 Stück (2 Backbleche):
70 g ungeschwefelte Rosinen · 100 g kalte Butter · 100 g Hafer, fein gemahlen · 70 g Dinkel, fein gemahlen · 250 g Haselnußkerne, frisch gemahlen · ½ Teel. gemahlene Vanille · 1 Prise Meersalz · 100 g Honig

Allerlei Plätzchen ohne Ei

Zum Bestreuen: 2 Eßl. geschälte Mandeln, fein gehackt
Für das Backblech: Backtrennpapier
Für die Arbeitsfläche: etwas Mehl
Pro Stück etwa 200 kJ/48 kcal
1 g Eiweiß · 3 g Fett · 4 g Kohlenhydrate ·
1 g Ballaststoffe

Vorbereitungszeit: etwa 30 Minuten
Ruhezeit: etwa 1 Stunde
Fertigstellung: etwa 20 Minuten
Backzeit pro Blech: etwa 12 Minuten

✻ Die Rosinen in kleine Stückchen schneiden.
✻ Die Butter klein würfeln, mit dem Hafer, dem Dinkel und den Haselnüssen in eine Rührschüssel geben und mit den Händen so lange vermengen, bis feine Brösel entstehen. Die Rosinen, die Vanille, das Salz und den Honig dazugeben und zu einem geschmeidigen Teig kneten.
✻ Den Teig etwa 1 Stunde im Kühlschrank ruhen lassen.
✻ Den Backofen auf 200° vorheizen. Ein Backblech mit Backtrennpapier auslegen.
✻ Den Teig auf der bemehlten Arbeitsfläche portionsweise etwa 3 mm dick ausrollen und Ringe von etwa 5 cm ⌀ ausstechen. Die Ringe

Die Nußringe werden mit gehackten Nüssen bestreut und nach Wunsch zusätzlich mit Glasur verziert.

auf das Blech legen und mit den gehackten Mandeln bestreuen.
✻ Das Backblech in den Backofen (Mitte) schieben und das Gebäck in etwa 12 Minuten goldbraun backen.
✻ Die Nußringe auf einem Kuchengitter gut auskühlen lassen. Dann in einer fest verschließbaren Dose aufbewahren.

Tip: Besonders hübsch sehen die Nußringe aus, wenn Sie eine Hälfte der Ringe mit einer Kakao- oder Carobglasur (siehe Rezept Mandelbögen Seite 25) bestreichen.

Mandel-Krokantgebäck
Bild Seite 27

Zutaten für etwa 50 Stücke (1 Backblech):
300 g Weizen, fein gemahlen · 160 g weiche Butter · 1 Prise Meersalz · 2 Eßl. Wasser
Für den Belag: 160 g Honig · 4 Teel. Butter · 1 Teel. gemahlene Vanille · 200 g Mandelblättchen
Für das Backblech: Backtrennpapier
Für die Arbeitsfläche: etwas Mehl
Pro Stück etwa 330 kJ/79 kcal
2 g Eiweiß · 5 g Fett · 7 g Kohlenhydrate ·
1 g Ballaststoffe

Vorbereitungszeit: etwa 10 Minuten
Ruhezeit: 10–15 Minuten
Fertigstellung: etwa 30 Minuten
Backzeit: 18–20 Minuten

✻ Ein Backblech mit Backtrennpapier auslegen.
✻ Das Weizenvollkornmehl in eine Rührschüssel geben. Die Butter, das Salz und das Wasser hinzufügen und alles mit den Händen zu einem geschmeidigen Teig verkneten.

Allerlei Plätzchen ohne Ei

* Den Mürbeteig zugedeckt 10–15 Minuten im Kühlschrank ruhen lassen.
* In der Zwischenzeit den Backofen auf 200° vorheizen.
* Den Teig auf der leicht bemehlten Arbeitsfläche etwas ausrollen. Die Teigplatte auf das Backblech legen und mit den Händen auf dem gesamten Backblech andrücken. Den Teig gleichmäßig mit einer Gabel einstechen.
* Das Backblech in den Backofen (Mitte) schieben, und den Mürbeteig etwa 10 Minuten vorbacken.
* In der Zwischenzeit für den Mandelkrokant den Honig, die Butter und die Vanille in einen Topf geben und bei schwacher Hitze erwärmen. Die Mandelblättchen hinzufügen und gut unterrühren. Den Topf vom Herd nehmen.
* Den Krokant mit einem angefeuchteten Teigschaber gleichmäßig auf der vorgebackenen Teigplatte verteilen und etwas andrücken.
* Das Backblech in den Backofen (Mitte) schieben, und das Gebäck in 8–10 Minuten fertig backen, bis die Oberfläche leicht gebräunt ist.
* Das noch warme Gebäck in etwa 4 cm große Quadrate schneiden und auf einem Kuchengitter auskühlen lassen.

Crunchyriegel

Zutaten für etwa 50 Stücke (½ Backblech):
50 g Cashewbruch · 50 g Mandeln · 50 g Haselnußkerne · 30 g Sonnenblumenkerne · 25 g Leinsamen · 130 g flüssiger Honig · 60 g grobe Hafervollkornflocken · 60 g feine Hafervollkornflocken · 1 Eßl. Distelöl
Für das Backblech: Backtrennpapier
Pro Stück etwa 180 kJ/43 kcal
1 g Eiweiß · 3 g Fett · 4 g Kohlenhydrate · 1 g Ballaststoffe

Vorbereitungszeit: etwa 30 Minuten
Backzeit: 20–25 Minuten

* Ein Backblech mit Backtrennpapier auslegen. Den Backofen auf 220° vorheizen.
* Den Cashewbruch, die Mandeln, die Haselnüsse und die Sonnenblumenkerne fein hacken und in eine Rührschüssel geben. Den Leinsamen, den Honig, die Haferflocken und das Öl hinzufügen und alles gut vermengen.
* Die Masse auf das Backblech geben und mit einem angefeuchteten Teigschaber etwa 1 cm dick darauf verstreichen. Die Oberfläche leicht andrücken.
* Das Backblech in den Backofen (Mitte) schieben, und das Crunchy in 20–25 Minuten knusprig backen.
* Das Crunchy auf dem Backblech abkühlen lassen, damit es fest wird.
* Danach in etwa 5 × 2,5 cm große Riegel schneiden.

Ischler Törtchen

Zutaten für etwa 30 Stück (2 Backbleche):
100 g weiche Butter · 80 g Honig · 1 Prise Meersalz · 120 g Weizen, fein gemahlen · 160 g Mandeln, frisch gemahlen
Für die Füllung: 4–5 Eßl. honiggesüßte rote Marmelade
Für das Backblech: Backtrennpapier
Für die Arbeitsfläche: etwas Mehl
Pro Stück etwa 380 kJ/90 kcal
2 g Eiweiß · 6 g Fett · 8 g Kohlenhydrate · 1 g Ballaststoffe

Vorbereitungszeit: etwa 10 Minuten
Ruhezeit: etwa 1 Stunde
Fertigstellung: etwa 30 Minuten
Backzeit pro Blech: 8–9 Minuten

Allerlei Plätzchen ohne Ei

★ Die Butter mit dem Honig und dem Salz cremig rühren. Das Weizenvollkornmehl und die Mandeln dazugeben und untermengen.

★ Den geschmeidigen Teig etwa 1 Stunde zugedeckt im Kühlschrank ruhen lassen.

★ Ein Backblech mit Backtrennpapier auslegen. Den Backofen auf 200° vorheizen.

★ Den Teig auf der leicht bemehlten Arbeitsfläche kurz durchkneten und etwa 3 mm dick ausrollen. Runde Formen von etwa 5 cm ∅ ausstechen. Von der Hälfte der Plätzchen mit einem Apfelausstecher drei kleine Kreise ausstechen. Die Plätzchen auf das Backblech setzen.

★ Das Backblech in den Backofen (Mitte) schieben, und die Ischler Törtchen in 8–9 Minuten goldgelb backen.

★ Das Gebäck vom Backblech nehmen und auf einem Kuchengitter auskühlen lassen.

★ Die Marmelade in einen Topf geben und bei schwacher Hitze erwärmen. Die runden Plätzchen mit etwas Marmelade bestreichen und die »gelochten« Plätzchen daraufsetzen.

Fünfkornkekse

Zutaten für etwa 90 Stück (2 Backbleche):
150 g kalte Butter · je 75 g Weizen und Hafer, fein gemahlen · je 50 g Hirse, Naturreis und Dinkel, fein gemahlen · 50 g Mandeln, frisch gemahlen · 100 g flüssiger Honig · 1 Eßl. Sahne
Für das Backblech: Backtrennpapier
Für die Arbeitsfläche: etwas Mehl
Pro Stück etwa 130 kJ/31 kcal
0 g Eiweiß · 2 g Fett · 3 g Kohlenhydrate · 1 g Ballaststoffe

Vorbereitungszeit: etwa 15 Minuten
Ruhezeit: etwa 1 Stunde
Fertigstellung: etwa 25 Minuten
Backzeit pro Blech: etwa 15 Minuten

★ Die Butter in kleine Würfel schneiden und in eine Rührschüssel geben. Das Weizen-, das Hafer-, das Hirse-, das Reis- und das Dinkelvollkornmehl sowie die Mandeln dazugeben. Die Zutaten so lange mit den Händen vermengen, bis feine Brösel entstehen. Zuletzt den Honig und die Sahne hinzufügen und alles zu einem geschmeidigen Teig verkneten.

★ Den Teig etwa 1 Stunde kühl stellen.

★ Ein Backblech mit Backtrennpapier auslegen. Den Backofen auf 200° vorheizen.

★ Den Teig auf der leicht bemehlten Arbeitsfläche kurz durchkneten und 3–4 mm dick ausrollen. Verschiedene Formen ausstechen oder mit dem Teigrädchen Rauten ausschneiden. Die Plätzchen auf das Backblech legen.

★ Das Backblech in den Backofen (Mitte) schieben, und die Fünfkornkekse in etwa 15 Minuten knusprig backen.

★ Die Plätzchen sofort vom Backblech nehmen und auf einem Kuchengitter auskühlen lassen.

Buchweizentörtchen

Zutaten für etwa 35 Stück (1 Backblech):
100 g weiche Butter · 80 g Honig · 2 Eßl. Sahne · ½ Teel. Zimtpulver · 100 g Buchweizen, fein gemahlen · 125 g Weizen, fein gemahlen
Zum Bestreichen: 4–5 Eßl. ungesüßtes Pflaumenmus oder Hagebuttenmark
Für das Backblech: Backtrennpapier
Für die Arbeitsfläche: etwas Mehl
Pro Stück etwa 260 kJ/62 kcal
1 g Eiweiß · 3 g Fett · 9 g Kohlenhydrate · 2 g Ballaststoffe

Vorbereitungszeit: etwa 15 Minuten
Ruhezeit: etwa 1 Stunde
Fertigstellung: etwa 30 Minuten
Backzeit: 15–18 Minuten

Allerlei Plätzchen ohne Ei

* Die Butter, den Honig, die Sahne und den Zimt in eine Rührschüssel geben und schaumig schlagen. Das Buchweizen- und das Weizenvollkornmehl hinzufügen und unterrühren.
* Den geschmeidigen Teig zugedeckt etwa 1 Stunde im Kühlschrank ruhen lassen.
* Ein Backblech mit Backtrennpapier auslegen. Den Backofen auf 200° vorheizen.
* Den Teig auf der leicht bemehlten Arbeitsfläche gut durchkneten und etwa 3 mm dick ausrollen. Runde Plätzchen von etwa 5 cm Ø ausstechen und auf das Backblech legen.
* Aus dem restlichen Teig 4–5 mm breite und etwa 5 cm lange Streifen ausschneiden.
* Etwa ½ Teelöffel Pflaumenmus oder Hagebuttenmark auf jedem Plätzchen verstreichen und zwei Teigstreifen darüber legen.
* Das Backblech in den Backofen (Mitte) schieben, und die Buchweizentörtchen in 15–18 Minuten knusprig backen.
* Die Plätzchen sofort vom Backblech nehmen und auf einem Kuchengitter auskühlen lassen.

Mandelröllchen
Bild 3. Umschlagseite

Zutaten für etwa 50 Stück (1 Backblech):
80 g kalte Butter · 50 g Mandeln, frisch gemahlen · 125 g Weizen, fein gemahlen · 65 g flüssiger Honig (zum Beispiel Wildblütenhonig) · ½ Teel. gemahlene Vanille · 1 Eßl. Wasser
Zum Bestreuen: 2 Eßl. Mandeln, frisch gemahlen
Für das Backblech: Backtrennpapier
Für die Arbeitsfläche: etwas Mehl
Pro Stück etwa 140 kJ/33 kcal
1 g Eiweiß · 2 g Fett · 3 g Kohlenhydrate · 0 g Ballaststoffe

Vorbereitungszeit: etwa 20 Minuten
Ruhezeit: etwa 1 Stunde
Fertigstellung: etwa 30 Minuten
Backzeit: etwa 15 Minuten

* Die Butter in kleine Würfel schneiden und mit den Mandeln und dem Weizenvollkornmehl in eine Rührschüssel geben. Die Zutaten mit den Händen so lange vermengen, bis feine Brösel entstehen. Den Honig, die Vanille und das Wasser dazugeben und alles vermengen.
* Den Teig auf der leicht bemehlten Arbeitsfläche noch etwas kneten und zu einer Kugel formen.
* Den Teig in Pergamentpapier wickeln und im Kühlschrank etwa 1 Stunde ruhen lassen.
* Ein Backblech mit Backtrennpapier auslegen. Den Backofen auf 180° vorheizen.
* Aus dem Teig etwa 7 cm lange und 1 cm dicke Röllchen formen. Jedes Mandelröllchen in den gemahlenen Mandeln wälzen und auf das Backblech setzen.
* Das Backblech in den Backofen (Mitte) schieben, und die Röllchen in etwa 15 Minuten knusprig backen.

Für den Mohnstriezel (von links nach rechts) Milch ▷ mit Vanillemark aufkochen. Den gemahlenen Mohn mit Honig und Gewürzen unterrühren und quellen lassen. Den ausgerollten Hefeteig mit der Füllung bestreichen und an den Längsseiten bis zur Mitte aufrollen. Den Striezel noch zweimal längs einschneiden und vor dem Backen mit Eigelbmilch bestreichen und mit gehackten Mandeln bestreuen. Rezept Seite 76.

Allerlei Plätzchen ohne Ei

Gewürzdukaten

Das aus Gerste gewonnene Malzextrakt gibt diesem Gebäck seinen besonders würzigen Geschmack.

Zutaten für etwa 80 Stück (2 Backbleche):
125 g kalte Butter · 200 g Weizen, fein gemahlen · 100 g Mandeln, frisch gemahlen ·
½ Teel. Zimtpulver · ½ Teel. gemahlene Vanille ·
¼ Teel. gemahlene Nelken · ¼ Teel. gemahlener Kardamom · ¼ Teel. gemahlene Muskatblüte ·
1 Prise Meersalz · 50 g Malzextrakt ·
50 g flüssiger Honig
Zum Bestreichen: 4 Eßl. Sahne · ¼ Teel. geriebene Muskatnuß
Für das Backblech: Backtrennpapier
Für die Arbeitsfläche: etwas Mehl
Pro Stück etwa 130 kJ/31 kcal
1 g Eiweiß · 2 g Fett · 2 g Kohlenhydrate ·
0,5 g Ballaststoffe

Vorbereitungszeit: etwa 15 Minuten
Ruhezeit: etwa 40 Minuten
Fertigstellung: etwa 20 Minuten
Backzeit pro Blech: etwa 12 Minuten

✳ Die Butter würfeln und in eine Schüssel geben. Das Weizenvollkornmehl, die Mandeln, die Gewürze und das Salz dazugeben und mit den Händen vermengen, bis feine Brösel entstehen. Das Malzextrakt und den Honig hinzufügen und alles zu einem geschmeidigen Teig kneten.
✳ Den Teig zugedeckt etwa 40 Minuten im Kühlschrank ruhen lassen.
✳ Ein Backblech mit Backtrennpapier auslegen. Den Backofen auf 200° vorheizen.
✳ Den Teig auf der leicht bemehlten Arbeitsfläche etwas durchkneten und etwa 3 mm dick ausrollen. Runde Plätzchen von etwa 5 cm ⌀ ausstechen und auf das Backblech setzen.
✳ Die Sahne mit dem Muskat verrühren und die Plätzchen damit bestreichen.
✳ Das Backblech in den Backofen (Mitte) schieben, und die Gewürzdukaten in etwa 12 Minuten goldbraun backen.

Nuß-Hafergebäck

Zutaten für etwa 40 Stück (2 Backbleche):
80 g weiche Butter · 100 g Apfelkraut · 6 Eßl. Sahne · ½ Teel. gemahlener Anis · ½ Teel. gemahlene Vanille · 1 Teel. Weinsteinbackpulver ·
100 g Weizen, fein gemahlen · 150 g Hafer, fein gemahlen · 150 g Haselnußkerne, frisch gemahlen
Für die Füllung: 5–6 Eßl. Apfelkraut
Für das Backblech: Backtrennpapier
Für die Arbeitsfläche: etwas Mehl
Pro Stück etwa 340 kJ/81 kcal
1 g Eiweiß · 5 g Fett · 8 g Kohlenhydrate ·
1 g Ballaststoffe

Vorbereitungszeit: etwa 15 Minuten
Ruhezeit: etwa 1 Stunde
Fertigstellung: etwa 20 Minuten
Backzeit pro Blech: 10–12 Minuten

◁ Die Krokantschnitten (links) werden aus Mürbeteig und einem Krokant aus verschiedenen Nüssen, Orangeat, Zitronat, Datteln und Haferflocken hergestellt. Rezept Seite 57. Die gespritzten Ringchen (rechts) aus einem Mandel-Butterteig sind schnell gebacken. Rezept Seite 42.

Allerlei Plätzchen ohne Ei

✻ Die Butter mit dem Apfelkraut und der Sahne cremig rühren. Die Gewürze dazugeben. Das Backpulver mit dem Weizen- und dem Hafervollkornmehl vermischen. Die Mehlmischung und die Haselnüsse unter die Schaummasse rühren.

✻ Den geschmeidigen Teig zugedeckt etwa 1 Stunde im Kühlschrank ruhen lassen.

✻ Ein Backblech mit Backtrennpapier auslegen. Den Backofen auf 200° vorheizen.

✻ Den Teig auf der leicht bemehlten Arbeitsfläche kurz durchkneten und etwa 3 mm dick ausrollen. Runde Plätzchen von etwa 4 cm ∅ ausstechen und auf das Backblech legen.

✻ Das Backblech in den Backofen (Mitte) schieben, und die Plätzchen in 10–12 Minuten goldbraun backen.

✻ Das Gebäck auf einem Kuchengitter auskühlen lassen.

✻ Für die Füllung das Apfelkraut in einem kleinen Topf bei schwacher Hitze erwärmen.

✻ Jeweils ein Plätzchen mit dem Apfelkraut bestreichen und ein zweites daraufsetzen.

✻ Die gefüllten Plätzchen gut trocknen lassen.

Kräcker

Ein ungesüßtes Knabbergebäck, das für lange Winterabende schnell zubereitet ist.

Zutaten für etwa 100 Stück (2 Backbleche):
100 g kalte Butter · ¼ Teel. Meersalz · 2 Teel.
Weinsteinbackpulver · 400 g Weizen, fein
gemahlen · 120 ccm kohlensäurehaltiges
Mineralwasser
Zum Bestreuen: 1–2 Eßl. Sesamsamen
Für das Backblech: Backtrennpapier
Für die Arbeitsfläche: etwas Mehl
Pro Stück etwa 90 kJ/21 kcal
1 g Eiweiß · 1 g Fett · 2 g Kohlenhydrate ·
1 g Ballaststoffe

Vorbereitungszeit: etwa 30 Minuten
Backzeit pro Blech: etwa 15 Minuten

✻ Die Butter in kleine Würfel schneiden und in eine Rührschüssel geben. Das Salz und das Backpulver mit dem Weizenvollkornmehl vermischen und zur Butter hinzufügen. Die Zutaten mit den Händen so lange vermengen, bis sehr feine Brösel entstehen. Das Mineralwasser zu den Bröseln geben und alles zu einem elastischen Teig verkneten.

✻ Ein Backblech mit Backtrennpapier auslegen. Den Backofen auf 225° vorheizen.

✻ Den Teig halbieren und auf der leicht bemehlten Arbeitsfläche etwas ausrollen. Die Teigplatten auf das Backblech legen und mit den Händen gleichmäßig auf dem gesamten Backblech andrücken. Den Sesam über den Teig streuen und etwas festdrücken.

✻ Mit einem Kuchenrädchen kleine Rechtecke ausschneiden.

✻ Das Backblech in den Backofen (Mitte) schieben, und die Plätzchen in etwa 15 Minuten knusprig backen.

Nußcookies

Zutaten für etwa 80 Stück (2 Backbleche):
125 g weiche Butter · 100 g Zuckerrübensirup
(unraffiniert) · 1 Prise Meersalz · ¼ Teel. ge-
mahlene Vanille · 100 g Haselnußkerne, frisch
gemahlen · 50 g Weizenvollkorngrieß ·
150 g Weizen, fein gemahlen
Zum Verzieren: 100 g Mandeln, fein gehackt ·
80 g Honig
Für das Backblech: Backtrennpapier
Für die Arbeitsfläche: etwas Mehl
Pro Stück etwa 180 kJ/43 kcal
1 g Eiweiß · 3 g Fett · 4 g Kohlenhydrate ·
1 g Ballaststoffe

Allerlei Plätzchen ohne Ei

Vorbereitungszeit: etwa 15 Minuten
Ruhezeit: etwa 1 Stunde
Fertigstellung: etwa 25 Minuten
Backzeit pro Blech: 10–12 Minuten

∗ Die Butter, den Sirup, das Salz und die Vanille schaumig rühren. Die Haselnüsse, den Grieß und das Weizenvollkornmehl unterkneten.
∗ Den Teig zugedeckt etwa 1 Stunde im Kühlschrank ruhen lassen.
∗ Ein Backblech mit Backtrennpapier auslegen. Den Backofen auf 200° vorheizen.
∗ Den Teig auf der leicht bemehlten Arbeitsfläche kurz durchkneten und etwa 3 mm dick ausrollen. Runde Plätzchen von etwa 4 cm Ø ausstechen und auf das Backblech setzen.
∗ Die Mandeln und den Honig in einen kleinen Topf geben und unter Rühren bei schwacher Hitze erwärmen. Den Topf vom Herd nehmen.
∗ Mit Hilfe von zwei Teelöffeln etwas Mandelmasse auf jedes Plätzchen geben.
∗ Das Backblech in den Backofen (Mitte) schieben, und die Plätzchen in 10–12 Minuten knusprig backen.
∗ Die Nußcookies auf einem Kuchengitter auskühlen lassen und anschließend in einer gut schließenden Dose aufbewahren.

Dattelstreifen

Zutaten für etwa 50 Stücke (½ Backblech):
100 g kalte Butter · 150 g Weizen, fein gemahlen · 50 g Mandeln, frisch gemahlen · 1 Prise Meersalz · 1 Eßl. Magerquark · 1 Eßl. Honig
Für den Belag: 200 g getrocknete Datteln (ohne Stein) · 150 ccm Wasser · 50 g weiche Butter · ½ Teel. gemahlene Vanille · 1 Eßl. Zitronensaft
Zum Bestreuen: etwa 3 Eßl. Mandeln, frisch gemahlen

Für das Backblech: Backtrennpapier
Für die Arbeitsfläche: etwas Mehl
Pro Stück etwa 230 kJ/55 kcal
1 g Eiweiß · 4 g Fett · 5 g Kohlenhydrate · 1 g Ballaststoffe

Vorbereitungszeit: etwa 15 Minuten
Ruhezeit: etwa 1 Stunde
Fertigstellung: etwa 30 Minuten
Backzeit: 20–25 Minuten

∗ Für den Belag die Datteln grob zerkleinern und in dem Wasser etwa 1 Stunde quellen lassen.
∗ Für den Mürbeteig die Butter in kleine Würfel schneiden, mit dem Weizenvollkornmehl, den Mandeln und dem Salz in eine Rührschüssel geben und mit der Hand so lange vermengen, bis feine Brösel entstehen. Zuletzt den Quark und den Honig dazugeben und alles zu einem glatten Teig verkneten.
∗ Den Teig zugedeckt etwa 1 Stunde im Kühlschrank ruhen lassen.
∗ Die Datteln mit einem Pürierstab mit dem Einweichwasser pürieren. Die Butter, die Vanille und den Zitronensaft dazugeben und gut verrühren.
∗ Ein Backblech mit Backtrennpapier auslegen. Den Backofen auf 200° vorheizen.
∗ Den Teig auf der leicht bemehlten Arbeitsfläche kurz durchkneten und 4–5 mm dick zu einem Rechteck in der Größe des ½ Backblechs ausrollen. Die Teigplatte vorsichtig zusammenklappen, auf das Backblech legen und dort wieder auseinanderschlagen.
∗ Das Dattelmus gleichmäßig auf der Teigplatte verteilen. Die Oberfläche mit den Mandeln bestreuen.
∗ Das Backblech in den vorgeheizten Backofen (Mitte) schieben, und den Dattelkuchen 20–25 Minuten backen, bis der Belag etwas fest geworden ist.

Allerlei Plätzchen ohne Ei

* Den Kuchen etwa 15 Minuten auf dem Back-blech abkühlen lassen. Dann in etwa 6 × 2 cm große Streifen aufschneiden.
* Die Dattelstreifen auf ein Kuchengitter setzen und vollständig erkalten lassen.

Schweizer Mandelschnitten

Zutaten für etwa 40 Stücke (1 Backblech):
120 g kalte Butter · 200 g Weizen, fein
gemahlen · 1 Prise Meersalz · 1 Eßl. Honig
Für den Belag: 60 g Butter · 100 g Sahne ·
60 g Honig · 50 g Naturreis, fein gemahlen ·
100 g Mandeln, frisch gemahlen · 100 g
Mandelsplitter
Für das Backblech: Backtrennpapier
Für die Arbeitsfläche: etwas Mehl
Pro Stück etwa 410 kJ/98 kcal
2 g Eiweiß · 7 g Fett · 6 g Kohlenhydrate ·
1 g Ballaststoffe

Vorbereitungszeit: etwa 45 Minuten
Backzeit: 20–25 Minuten

* Die Butter in kleine Würfel schneiden, mit dem Weizenvollkornmehl und dem Salz in eine Rührschüssel geben und so lange mit der Hand vermengen, bis feine Brösel entstehen. Den Honig dazugeben und alles zu einem glatten Mür-beteig verkneten.
* Den Teig zugedeckt etwa 30 Minuten im Kühlschrank ruhen lassen.
* Inzwischen für den Belag die Butter in einen Topf geben und bei schwacher Hitze zerlassen. Den Topf vom Herd nehmen.
* Die Sahne und den Honig zur Butter geben und gut unterrühren. Zuletzt das Reisvollkorn-mehl und die Mandeln dazugeben und unter-mengen.
* Die Masse 10–15 Minuten quellen lassen.

* Ein Backblech mit Backtrennpapier ausle-gen. Den Backofen auf 200° vorheizen.
* Den Mürbeteig auf der leicht bemehlten Ar-beitsfläche kurz durchkneten und 4–5 mm dick zu einem Rechteck in der Größe des Back-blechs ausrollen. Die Teigplatte vorsichtig zu-sammenklappen, auf das Backblech legen und wieder auseinanderschlagen.
* Die Mandelmasse gleichmäßig auf dem Mür-beteig verstreichen.
* Das Backblech in den Backofen (Mitte) schieben, und den Kuchen in 20–25 Minuten goldgelb backen.
* Den Kuchen etwa 15 Minuten auf dem Back-blech abkühlen lassen. Dann in etwa 5 × 5 cm große Quadrate schneiden.
* Die Mandelschnitten mit einer Palette auf ein Kuchengitter setzen und vollständig erkalten lassen.

Müsli-Apfelschnitten

Zutaten für etwa 70 Stücke (1 Backblech):
100 g getrocknete Datteln (ohne Stein) ·
50 g getrocknete ungeschwefelte Aprikosen ·
50 g getrocknete ungeschwefelte Feigen ·
100 g ungeschwefelte Rosinen · 125 g Hasel-
nußkerne · 50 g Sonnenblumenkerne ·
160 g Fünfkornflocken · 130 g Weizen,
fein gemahlen · ¼ Teel. gemahlene Vanille ·
2 Teel. Zimtpulver · 240 ccm Wasser · 30 g
Honig · 5 Eßl. Distelöl · 1 mittelgroßer Apfel
Zum Bestreuen: etwa 50 g Kürbiskerne
Für das Backblech: Backtrennpapier
Pro Stück etwa 240 kJ/57 kcal
1 g Eiweiß · 3 g Fett · 6 g Kohlenhydrate ·
1 g Ballaststoffe

Vorbereitungszeit: etwa 30 Minuten
Backzeit: 25–30 Minuten

✳ Die Datteln, die Aprikosen, die Feigen und die Rosinen klein schneiden. Die Haselnüsse und die Sonnenblumenkerne grob hacken.

✳ Ein Backblech mit Backtrennpapier auslegen. Den Backofen auf 200° vorheizen.

✳ Die Trockenfrüchte, die Nüsse, die Sonnenblumenkerne und die Fünfkornflocken in eine Schüssel geben. Das Weizenvollkornmehl mit den Gewürzen mischen. Die Gewürzmehlmischung, das Wasser, den Honig und das Öl hinzufügen und alle Zutaten gut miteinander verrühren.

✳ Zuletzt den Apfel schälen und um das Kerngehäuse herum mittelfein raspeln. Die Apfelraspel unter den Teig mengen.

✳ Den Teig mit einem angefeuchteten Teigschaber gleichmäßig auf dem Backblech verstreichen. Die Oberfläche mit den Kürbiskernen bestreuen.

✳ Das Backblech in den Backofen (Mitte) schieben, und den Kuchen in 25–30 Minuten hellbraun backen.

✳ Das Gebäck noch einige Minuten auf dem Backblech abkühlen lassen. Dann in etwa 5 × 4 cm große Stücke aufschneiden.

✳ Die Schnitten mit einer Palette auf ein Kuchengitter setzen und völlig auskühlen lassen.

Haselnußscheiben

Durch die gerösteten Haselnüsse bekommt dieses Gebäck seinen typischen Geschmack.

Zutaten für etwa 55 Stück (1 Backblech):
65 g Haselnußkerne · 125 g weiche Butter ·
50 g Honig · 1 Prise Meersalz · ½ Teel. gemah
lene Vanille · 50 g Naturreis, fein gemahlen ·
125 g Weizen, fein gemahlen
Zum Verzieren: etwa 2 Eßl. Haselnußkerne,
frisch gemahlen

Für das Backblech: Backtrennpapier
Für die Arbeitsfläche: etwas Mehl
Pro Stück etwa 170 kJ/40 kcal
1 g Eiweiß · 3 g Fett · 3 g Kohlenhydrate ·
1 g Ballaststoffe

Vorbereitungszeit: etwa 35 Minuten
Ruhezeit: 12–15 Stunden (über Nacht)
Fertigstellung: etwa 10 Minuten
Backzeit: etwa 20 Minuten

✳ Die Haselnußkerne in einer trockenen Pfanne bei mittlerer Hitze unter ständigem Rühren rösten, bis sich die Schalen zu lösen beginnen und die Nüsse gelblich werden. Die Nüsse auf einem Teller auskühlen lassen.

✳ Die Nüsse zwischen den Händen reiben, bis sich die Schalen lösen.

✳ Die Nüsse in der Mandelmühle mahlen.

✳ Die Butter, den Honig, das Salz und die Vanille in eine Rührschüssel geben und schaumig schlagen. Das Reis- und Weizenvollkornmehl sowie die Nüsse hinzugeben und unterrühren.

✳ Den Teig auf der leicht bemehlten Arbeitsfläche kurz durchkneten und zu zwei Rollen von etwa 3 cm Ø formen.

✳ Die Teigrollen in den gemahlenen Nüssen wälzen und zugedeckt über Nacht in den Kühlschrank stellen.

✳ Ein Backblech mit Backtrennpapier auslegen. Den Backofen auf 180° vorheizen.

✳ Die Teigrollen in etwa ½ cm dicke Scheiben schneiden und auf das Backblech legen.

✳ Das Backblech in den Backofen (Mitte) schieben, und die Plätzchen in etwa 20 Minuten goldgelb backen

Feines Hefegebäck

Ob Brezeln, Hörnchen oder Striezel, frisch gebacken schmeckt Hefegebäck am besten. Sie können es aber auch auf Vorrat backen und das noch lauwarme Gebäck einfrieren. Für überraschenden Besuch wird das Gebäck dann nur bei 200° kurz im Ofen aufgebacken.
Damit Ihr Hefegebäck wirklich gut gelingt, sollten Sie bei der Zubereitung des Teiges einige wichtige Punkte beachten:
* Verwenden Sie möglichst frische Hefe.
* Die Flüssigkeit zum Auflösen der Hefe darf höchstens 37° warm sein, sonst werden die Hefebakterien abgetötet.
* Alle übrigen Zutaten sollten Zimmertemperatur haben.
* Für die Hefebakterien ist frisch gemahlenes Vollkornmehl der ideale Nährboden, deshalb ist nur bei schweren und fettreichen Teigen die Zubereitung eines Vorteigs nötig.
* Durch wiederholtes Kneten und Gehenlassen des Teiges wird das Gebäck besonders locker und feinporig. Wenn Sie den Teig zu kurz kneten, kann das Gebäck krümelig werden.

Gefüllte Martinshörnchen
Bild Seite 46

»Laterne, Laterne, Sonne, Mond und Sterne! Brenne auf mein Licht, brenne auf mein Licht, aber nur meine liebe Laterne nicht!«
Frisch gebackene Plunderhörnchen und eine Tasse Früchtepunsch sind nach dem Martinszug im November bestimmt willkommen.

Zutaten für 16–18 Stück (1½ Backbleche):
Für den Hefeteig: 500 g Weizen, fein gemahlen · ¼ Teel. Meersalz · 25 g frische Hefe · 300 ccm lauwarmes Wasser
Für den Butterteig: 175 g kalte Butter · 50 g Weizen, fein gemahlen

Für die Füllung: ⅛ l Milch · 200 g Haselnußkerne, frisch gemahlen · 80 g Honig · 1 Eßl. Kirschwasser oder Rosenwasser · 1 Teel. Zimtpulver
Zum Bestreichen und Bestreuen: 1 Eigelb · 2 Eßl. Milch · 2 Eßl. Mandelsplitter
Für das Backblech: Backtrennpapier
Für die Arbeitsfläche: etwas Mehl
Bei 18 Stück etwa 1100 kJ/260 kcal
6 g Eiweiß · 17 g Fett · 24 g Kohlenhydrate · 5 g Ballaststoffe pro Stück

Vorbereitungszeit: etwa 1 Stunde und 10 Minuten
Ruhezeiten: etwa 2¼ Stunden
Backzeit pro Blech: etwa 20 Minuten

* Das Weizenvollkornmehl und das Salz in eine Schüssel geben. Die Hefe in dem Wasser auflösen und dazufügen. Alles etwa 10 Minuten gründlich verkneten, bis ein elastischer Teig entsteht.
* Den Hefeteig zugedeckt an einem warmen Ort etwa 30 Minuten gehen lassen.
* Inzwischen für den Butterteig die Butter mit dem Weizenvollkornmehl möglichst schnell mit kühlen Händen verkneten.
* Den Teig zwischen Pergamentpapier zu einer Platte von etwa 15 × 15 cm ausrollen und im Kühlschrank etwa 15 Minuten ruhen lassen.
* Den Hefeteig nochmals gut durchkneten und auf der bemehlten Arbeitsfläche zu einem Rechteck von etwa 20 × 32 cm ausrollen.
* Den Butterteig auf die linke Hälfte der Hefeteigplatte legen und die rechte Hälfte darüber klappen. Die Ränder etwas zusammendrücken. Den Teig jeweils von unten nach oben und von links nach rechts zu einem Rechteck von etwa 30 × 60 cm ausrollen. Jeweils von der linken und der rechten Seite 20 cm nach innen einschlagen, so daß drei Teigschichten übereinander liegen (siehe Zeichnung).

Feines Hefegebäck

★ Den Teig in Pergamentpapier wickeln und etwa 20 Minuten im Kühlschrank ruhen lassen.

★ Diesen Arbeitsgang (Ausrollen, Zusammenschlagen, Kühlen) noch zweimal wiederholen.

★ Für die Füllung die Milch in einem Topf aufkochen lassen. Die Haselnüsse dazugeben und unterrühren.

★ Die Nußmasse vom Herd nehmen und mit dem Honig, dem Kirschwasser oder dem Rosenwasser und dem Zimt abschmecken.

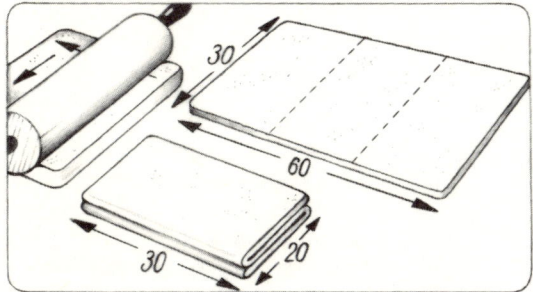

Die Hörnchen werden aus Hefe- und Butterteig zubereitet, den man ähnlich wie Blätterteig ausrollt.

★ Den Plunderteig etwa 4 mm dick zu einem Rechteck von 30 cm Breite ausrollen. Das Rechteck längs in zwei 15 cm breite Streifen teilen. Die in der Mitte zusammenliegenden Seiten der Teigstreifen im Abstand von etwa 15 cm markieren. Die Außenseiten im selben Abstand markieren, dabei etwa 7,5 cm vom Rand beginnen. Die Markierungen mit einem Teigrädchen verbinden, so daß die Teigstücke in Dreiecke unterteilt werden.

★ Mit Hilfe von zwei Teelöffeln von der Nußfüllung kleine Häufchen auf die Dreiecke setzen.

★ Ein Backblech mit Backtrennpapier auslegen. Die Dreiecke aufrollen, zu Hörnchen formen und auf das Blech legen.

★ Die Hörnchen zugedeckt noch etwa 30 Minuten gehen lassen.

★ Den Backofen auf 225° vorheizen.

★ Das Eigelb mit der Milch verquirlen und die Hörnchen damit bestreichen. Die Hörnchen mit den Mandelsplittern bestreuen.

★ Das Backblech in den Backofen (Mitte) schieben, und die Hörnchen in etwa 20 Minuten goldbraun backen.

Tip: Wenn die Plunderhörnchen noch lauwarm sind, kann man sie sehr gut einfrieren. Wenn überraschend Besuch kommt, sind sie schnell aufgebacken.

Wiener Schnecken

Zutaten für etwa 20 Stück (1½ Backbleche):
260 ccm lauwarme Milch · 40 g frische Hefe ·
650 g Weizen, fein gemahlen · 80 g Honig ·
1 Teel. Meersalz · 80 g weiche Butter · 1 Ei ·
80 g dunkle ungeschwefelte Rosinen (zum
Beispiel kalifornische)
Zum Bestreichen: 50 g flüssige Butter
Für das Backblech: Backtrennpapier
Für die Arbeitsfläche: etwas Mehl
Pro Stück etwa 780 kJ/190 kcal
5 g Eiweiß · 7 g Fett · 26 g Kohlenhydrate ·
4 g Ballaststoffe

Vorbereitungszeit: etwa 45 Minuten
Ruhezeiten: etwa 1½ Stunden
Backzeit pro Blech: etwa 20 Minuten

★ Für den Hefeteig die Milch in eine Rührschüssel geben und die Hefe darin auflösen. Das Weizenvollkornmehl, den Honig, das Salz, die Butter und das Ei dazugeben und alles in 10–15 Minuten zu einem geschmeidigen Teig verkneten.

★ Den Teig zugedeckt an einem warmen Ort etwa 30 Minuten gehen lassen.

Feines Hefegebäck

* Den Teig nochmals gut durchkneten und weitere 30 Minuten gehen lassen.
* Die Rosinen etwas klein schneiden.
* Ein Backblech mit Backtrennpapier auslegen.
* Den Hefeteig auf der leicht bemehlten Arbeitsfläche gut durchkneten. Dann kleinfingerdicke, etwa 28 cm lange Röllchen daraus formen. Jeweils zwei Röllchen umeinander schlingen, mit etwas flüssiger Butter bestreichen und mit einigen Rosinenstückchen belegen. Den gedrehten Teigstrang zu einer Schnecke aufrollen.
* Die Schnecken auf das Backblech setzen und zugedeckt noch etwa 30 Minuten gehen lassen.
* In der Zwischenzeit den Backofen auf 220° vorheizen.
* Die Schnecken mit der restlichen flüssigen Butter bestreichen.
* Das Backblech in den Backofen (Mitte) schieben, und das Hefegebäck in etwa 20 Minuten goldgelb backen. Nach etwa 5 Minuten die Temperatur auf 180° zurückschalten.
* Die Schnecken auf einem Kuchengitter auskühlen lassen.

Nikolausstiefel
Bild nebenstehend

Zutaten für etwa 14 Stück (1 Backblech):
130 ccm lauwarme Milch · 30 g frische Hefe · 500 g Weizen, fein gemahlen · 50 g Mandeln, frisch gemahlen · 1 Prise Meersalz · ¼ Teel. gemahlener Kardamom · 1 Ei · 100 g Honig · 150 g weiche Butter
Zum Bestreichen: 1 Eigelb · 2 Eßl. Milch
Zum Verzieren: nach Belieben geschälte halbierte Mandeln, Kürbiskerne, Sonnenblumenkerne, Sesamsamen, Zitronat, Orangeat und verschiedene Nüsse

Für das Backblech: Backtrennpapier
Für die Arbeitsfläche: etwas Mehl
Pro Stück etwa 1200 kJ/290 kcal
7 g Eiweiß · 16 g Fett · 30 g Kohlenhydrate · 5 g Ballaststoffe

Vorbereitungszeit: etwa 1½ Stunden
Ruhezeiten: etwa 2¼ Stunden
Backzeit: etwa 20 Minuten

* Die Milch in eine Rührschüssel geben und die Hefe darin auflösen. Das Weizenvollkornmehl, die Mandeln, das Salz und den Kardamom dazugeben. Das Ei und den Honig hinzufügen. Diese Zutaten in etwa 10 Minuten gründlich verkneten.
* Den Teig zugedeckt an einem warmen Ort etwa 30 Minuten gehen lassen.
* Den Hefeteig erneut durchkneten und weitere 30 Minuten gehen lassen.
* Die Butter unter den Teig kneten und diesen nochmals etwa 1 Stunde gehen lassen.
* In der Zwischenzeit eine etwa 10 cm große Papierschablone in Stiefelform aufzeichnen und ausschneiden.
* Ein Backblech mit Backtrennpapier auslegen.
* Den Teig auf der leicht bemehlten Arbeitsfläche kurz durchkneten und etwa 1 cm dick ausrollen. Die Schablone auf den Teig legen und die Stiefel mit einem kleinen Messer rundherum ausschneiden. Die Stiefel mit einer Palette auf das Backblech setzen.

Die Nikolausstiefel können mit Nüssen, Zitronat oder Orangeat beliebig verziert werden. Sie sind ein hübsches Geschenk zum Nikolaustag. Rezept auf dieser Seite. ▷

Feines Hefegebäck

* Den Backofen auf 200° vorheizen.
* Das Eigelb mit der Milch verquirlen. Die Stiefel damit bestreichen und nach Belieben mit den verschiedenen Zutaten verzieren.
* Die Stiefel noch einmal etwa 15 Minuten gehen lassen.
* Das Backblech in den Backofen (Mitte) schieben, und die Nikolausstiefel in etwa 20 Minuten goldgelb backen.

Stutenmännchen

Während meiner Kindheit waren diese lustigen Kerle aus Hefeteig die schönste Überraschung am Nikolaustag.

Zutaten für 5 Figuren (1 Backblech):
280 ccm lauwarme Milch · 25 g frische Hefe ·
700 g Weizen, fein gemahlen · 1 Prise
Meersalz · ¼ Teel. gemahlener Kardamom ·
80 g Honig · 1 Ei · 100 g weiche Butter
Zum Verzieren: ungeschwefelte Rosinen
Zum Bestreichen: 1 Eigelb · 2 Eßl. Milch
Für das Backblech: Backtrennpapier
Für die Arbeitsfläche: etwas Mehl
Pro Stück etwa 3100 kJ/740 kcal
21 g Eiweiß · 24 g Fett · 110 g Kohlenhydrate ·
17 g Ballaststoffe

◁ Für den Früchtekuchen im Mürbeteigmantel (von links nach rechts) eine Schaummasse aus Butter und Eiern rühren. Kleingeschnittene Trockenfrüchte und Nüsse untermischen. Den vorbereiteten Mürbeteig ausrollen und die Springform mit der Hälfte davon auskleiden. Die Fruchtmasse einfüllen und mit einer Teigplatte abdecken. Aus dem restlichen Teig Sterne oder andere Formen ausstechen und den Teig damit belegen. Den Kuchen vor dem Backen mit Eigelbsahne bestreichen. Rezept Seite 88.

Vorbereitungszeit: etwa 40 Minuten
Ruhezeiten: etwa 2 Stunden
Backzeit: 20–25 Minuten

* Für den Hefeteig die Milch in eine Schüssel geben und die Hefe darin auflösen. Das Weizenvollkornmehl, das Salz, den Kardamom, den Honig und das Ei dazugeben. Diese Zutaten in mindestens 10 Minuten zu einem geschmeidigen Hefeteig verkneten.
* Den Teig zugedeckt an einem warmen Ort etwa 30 Minuten gehen lassen.
* Die Butter zu dem Teig geben und alles gut durchkneten.
* Den Teig nochmals etwa 1 Stunde gehen lassen.
* Ein Backblech mit Backtrennpapier auslegen.
* Den Hefeteig auf der leicht bemehlten Arbeitsfläche kräftig kneten. Zum Formen soll der Teig geschmeidig, aber nicht zu weich sein. Falls nötig, noch etwas Mehl unterarbeiten.

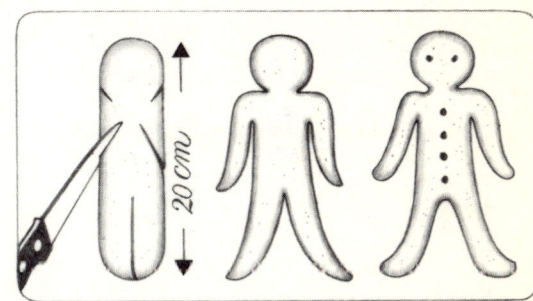

Die Männchen aus Hefeteig können Sie ganz einfach formen, wenn Sie sie wie hier gezeigt einschneiden.

* Den Teig in 5 gleich große Stücke aufteilen. Aus jedem Teigstück eine Figur formen. Dafür den Teig zu einer etwa 20 cm langen Rolle formen. Die Rolle etwas flachdrücken. Für die Arme, die Beine und den Kopf den Teig einschnei-

den (siehe Zeichnung) und die Figur modellieren. Die Figuren mit Rosinen verzieren.

* Die Figuren auf das Backblech legen und zugedeckt etwa 30 Minuten gehen lassen.
* In der Zwischenzeit den Backofen auf 200° vorheizen.
* Das Eigelb mit der Milch verquirlen und die Figuren damit bestreichen.
* Das Backblech in den Backofen (Mitte) schieben, und die Stutenmännchen in 20–25 Minuten goldbraun backen.

Aprikosenzopf

Dieser fruchtige Hefezopf wird aus acht Strängen geflochten, wodurch er eine besonders schöne Struktur bekommt.

Zutaten für 1 Zopf:
240 ccm lauwarme Milch · 25 g frische Hefe ·
600 g Weizen, fein gemahlen · 100 g Honig ·
1 Eigelb · 1 Prise Meersalz · 125 g getrocknete
ungeschwefelte Aprikosen · 100 g Butter
Zum Bestreichen: 1 Eigelb · 1 Eßl. Sahne ·
1 Teel. Honig
Für das Backblech: Backtrennpapier
Für die Arbeitsfläche: etwas Mehl
Bei 20 Scheiben etwa 760 kJ/180 kcal
5 g Eiweiß · 6 g Fett · 27 g Kohlenhydrate ·
4 g Ballaststoffe pro Stück

Vorbereitungszeit: etwa 45 Minuten
Ruhezeiten: etwa 2½ Stunden
Backzeit: etwa 45 Minuten

* Für den Hefeteig die Milch in eine Schüssel geben und die Hefe darin auflösen. Das Weizenvollkornmehl, den Honig, das Eigelb und das Salz dazugeben und den Teig in etwa 10 Minuten verkneten.

* Den geschmeidigen Teig zudecken und an einem warmen Ort etwa 30 Minuten gehen lassen.
* In der Zwischenzeit die Aprikosen in kleine Stückchen schneiden.
* Die Butter und die Aprikosenstückchen unter den Teig kneten.
* Den Teig noch einmal etwa 1½ Stunden gehen lassen.
* Ein Backblech mit Backtrennpapier auslegen.
* Den Teig auf der leicht bemehlten Arbeitsfläche nochmals gut durchkneten und in acht Stücke aufteilen. Aus jedem Teigstück eine gleichmäßige, daumendicke Rolle formen.
* Die Rollen nebeneinander legen und am oberen Ende zusammendrücken. Beim Flechten immer den äußeren Strang abwechselnd von rechts und links über vier Stränge nach innen legen, bis der ganze Zopf geflochten ist.
* Den Zopf auf das Backblech legen und zugedeckt etwa 30 Minuten gehen lassen.
* In der Zwischenzeit den Backofen auf 220° vorheizen.
* Das Eigelb mit der Sahne und dem Honig verquirlen und den Zopf damit bestreichen.
* Das Backblech in den Backofen (unten) schieben, und den Aprikosenzopf in etwa 45 Minuten mittelbraun backen. Nach etwa 20 Minuten Backzeit die Temperatur auf 175° zurückschalten.

Mohnstriezel
Bild Seite 63

Zutaten für 1 Striezel:
240 ccm lauwarme Milch · 25 g frische Hefe ·
600 g Weizen, fein gemahlen · 100 g Honig ·
1 Prise Meersalz · 120 g weiche Butter
Für die Füllung: 1 Vanilleschote · 120 ccm

Feines Hefegebäck

Milch · 250 g Mohn, frisch gemahlen ·
80 g Honig · ½ Teel. Zimtpulver · 2 Eßl. Kirschwasser oder Rosenwasser · 1 mittelgroßer
Apfel · 2–3 Eßl. ungeschwefelte Rosinen
Zum Bestreichen: 1 Eigelb · 2 Eßl. Milch
Zum Bestreuen: 2 Eßl. Mandeln, fein gehackt
Für das Backblech: Backtrennpapier
Für die Arbeitsfläche: etwas Mehl
Bei 30 Scheiben etwa 720 kJ/180 kcal
5 g Eiweiß · 8 g Fett · 20 g Kohlenhydrate ·
4 g Ballaststoffe pro Stück

Vorbereitungszeit: etwa 45 Minuten
Ruhezeiten: etwa 2½ Stunden
Backzeit: 50–55 Minuten

✱ Für den Hefeteig die Milch in eine Rührschüssel geben und die Hefe darin auflösen.
Das Weizenvollkornmehl, den Honig und das
Salz dazugeben und alles in 10–15 Minuten zu
einem geschmeidigen Teig verkneten.
✱ Den Teig zugedeckt an einem warmen Ort
etwa 30 Minuten gehen lassen.
✱ Die Butter unter den Hefeteig kneten und
den Teig noch einmal etwa 1½ Stunden gehen
lassen.
✱ Für die Mohnfüllung die Vanilleschote mit
einem scharfen Messer längs halbieren und das
Mark herauskratzen.
✱ Die Milch mit dem Vanillemark und der Schote in einen Topf geben und einmal aufkochen
lassen. Den Topf vom Herd nehmen und die
Schote herausnehmen.
✱ Den Mohn, den Honig, den Zimt und das
Kirschwasser oder das Rosenwasser zur Milch
geben und gut unterrühren. Die Masse abkühlen lassen.
✱ Den Apfel schälen, um das Kerngehäuse
herum fein abreiben und unter die Mohnmasse
mischen.
✱ Ein Backblech mit Backtrennpapier auslegen.

✱ Den Hefeteig auf der leicht bemehlten Arbeitsfläche nochmals gut durchkneten und zu
einem Rechteck von etwa 40 × 30 cm ausrollen.
Die Mohnmasse gleichmäßig darauf verstreichen und die Rosinen darüber streuen. Die
Längsseiten jeweils von außen bis zur Mitte
einrollen.
✱ Den Striezel auf das Backblech legen und
zugedeckt etwa 30 Minuten gehen lassen.
✱ In der Zwischenzeit den Backofen auf 220°
vorheizen.
✱ Das Eigelb mit der Milch verquirlen und den
Striezel damit bestreichen. Den Striezel mit einem Messer zweimal in Längsrichtung einschneiden. Die gehackten Mandeln darüber
streuen.
✱ Das Backblech in den Backofen (unten)
schieben, und den Mohnstriezel in 50–55 Minuten mittelbraun backen. Nach etwa 20 Minuten
Backzeit die Temperatur auf 175° zurückschalten.
✱ Den Kuchen vorsichtig vom Backblech nehmen und auf einem Kuchengitter gründlich auskühlen lassen.

Tip: Der Mohnstriezel schmeckt frisch gebakken, aber gut ausgekühlt am besten.

Italienisches Weihnachtsbrot

Zutaten für eine Gugelhupf- oder Naptkuchenform von etwa 25 cm ⌀ :
50 g getrocknete ungeschwefelte Aprikosen ·
100 g dunkle ungeschwefelte Rosinen ·
180 ccm lauwarme Milch · 30 g frische Hefe ·
500 g Weizen, fein gemahlen · 1 Prise Meersalz · 120 g Honig · 125 g weiche Butter ·
2 Eier · 100 g Mandeln, fein gehackt
Für die Form: etwas Butter · 2 Eßl. Mandelblättchen

Feines Hefegebäck

Bei 16 Stücken etwa 1100 kJ/260 kcal
7 g Eiweiß · 13 g Fett · 32 g Kohlenhydrate ·
5 g Ballaststoffe pro Stück

Vorbereitungszeit: etwa 40 Minuten
Ruhezeiten: etwa 1½ Stunden
Backzeit: 50–60 Minuten

✳ Die Aprikosen und die Rosinen in kleine
Stückchen schneiden.
✳ Die Milch in eine Rührschüssel geben und
die Hefe darin auflösen. Das Weizenvollkorn-
mehl, das Salz, den Honig, die Butter und die
Eier hinzufügen. Zuletzt die Mandeln und die
Trockenfrüchte dazugeben und alle Zutaten in
etwa 10 Minuten gut durchkneten.
✳ Den Hefeteig zugedeckt an einem warmen
Ort etwa 30 Minuten gehen lassen.
✳ Den Teig nochmals durchkneten und weitere
30 Minuten gehen lassen.
✳ Eine Gugelhupf- oder Napfkuchenform gut
fetten und mit den Mandelblättchen ausstreuen.
✳ Den Teig kurz durchkneten, in die Form füllen und zugedeckt noch einmal etwa 30 Minuten aufgehen lassen.
✳ In der Zwischenzeit den Backofen auf 200°
vorheizen.
✳ Die Form in den Backofen (unten) schieben,
und das Weihnachtsbrot in 50–60 Minuten goldbraun backen.
✳ Den Kuchen auf ein Kuchengitter stürzen
und auskühlen lassen.

Tip: Auf dem Tisch sieht das Weihnachtsbrot
sehr dekorativ aus, wenn Sie in die Mitte eine
hübsche Kerze stellen.

Hamburger Klöben

Der Klöben aus leichtem Hefeteig wird im Norden gern zum Frühstück gegessen. Mit Butter
bestrichen schmeckt er besonders lecker.

Zutaten für 1 Klöben:
*200 ccm lauwarme Milch · 25 g frische Hefe ·
500 g Weizen, fein gemahlen · ½ Teel. gemahlener Kardamom · ½ Teel. Meersalz · 2 Eigelbe ·
60 g Honig · 70 g Zitronat · 100 g ungeschwefelte Sultaninen · 100 g Korinthen · 80 g weiche
Butter*
Zum Bestreichen: etwa 50 g flüssige Butter
Für das Backblech: Backtrennpapier
Für die Arbeitsfläche: etwas Mehl
Bei 25 Scheiben etwa 630 kJ/150 kcal
3 g Eiweiß · 8 g Fett · 22 g Kohlenhydrate ·
3 g Ballaststoffe pro Stück

Vorbereitungszeit: etwa 1 Stunde
Ruhezeiten: etwa 2½ Stunden
Backzeit: 45–55 Minuten

✳ Für den Hefeteig die Milch in eine Rühr-
schüssel geben und die Hefe darin auflösen.
Das Weizenvollkornmehl, den Kardamom, das
Salz, die Eigelbe und den Honig dazugeben.
Diese Zutaten mindestens 10 Minuten kräftig
miteinander verkneten.
✳ Den Hefeteig zugedeckt an einem warmen
Ort etwa 30 Minuten gehen lassen.
✳ Den Teig nochmals gut durchkneten und
wiederum etwa 30 Minuten gehen lassen.
✳ Das Zitronat in kleine Stückchen schneiden.
Die Sultaninen, die Korinthen, die Butter und
das Zitronat gut unter den Hefeteig kneten.
✳ Den Teig nochmals zugedeckt etwa 1 Stunde
gehen lassen.
✳ Ein Backblech mit Backtrennpapier ausle-
gen.
✳ Den Teig auf der leicht bemehlten Arbeitsflä-

che kurz durchkneten und zu einem abgerundeten Rechteck von etwa 40 × 25 cm ausrollen.
Den Teig von der Längsseite her zusammenklappen und die Teigränder etwas andrücken.

* Den Klöben auf das Backblech legen und zugedeckt noch einmal etwa 30 Minuten gehen
lassen.

* In der Zwischenzeit den Backofen auf 220°
vorheizen.

* Das Backblech in den Backofen (unten)
schieben, und den Klöben in 45–55 Minuten
mittelbraun backen. Nach etwa 20 Minuten
Backzeit die Temperatur auf 180° zurückschalten.

* Nach dem Backen den noch heißen Klöben
mit der Butter bepinseln und auf einem Kuchengitter abkühlen lassen.

Haselnußkranz

Zutaten für 1 Kranz:
200 ccm lauwarme Milch · 25 g frische Hefe ·
500 g Weizen, fein gemahlen · 50 g Honig ·
1 Eigelb · ½ Teel. Meersalz · 100 g weiche
Butter
Für die Füllung: 2 Eiweiße · 80 g Honig ·
150 g Haselnußkerne, frisch gemahlen ·
2 Teel. Kakao- oder Carobpulver · 1 Eßl. Rosen-
wasser · ¼ Teel. Zimtpulver
Zum Bestreichen: 1 Eigelb · 2 Eßl. Sahne
Zum Bestreuen: 2 Eßl. Mandelblättchen
Für das Backblech: Backtrennpapier
Für die Arbeitsfläche: etwas Mehl
Bei 20 Stücken etwa 890 kJ/210 kcal
5 g Eiweiß · 11 g Fett · 22 g Kohlenhydrate ·
4 g Ballaststoffe pro Stück

Vorbereitungszeit: etwa 45 Minuten
Ruhezeiten: etwa 2½ Stunden
Backzeit: 50–55 Minuten

* Für den Hefeteig die Milch in eine Schüssel
geben und die Hefe darin auflösen. Das Weizenvollkornmehl, den Honig, das Eigelb und das
Salz dazugeben und den Teig in etwa 10 Minuten verkneten.

* Den Hefeteig zugedeckt an einem warmen
Ort etwa 30 Minuten gehen lassen.

* Die Butter unter den Teig kneten, und den
Teig noch etwa 1½ Stunden gehen lassen.

* Für die Füllung die Eiweiße sehr steif schlagen. Den Honig dazugeben und so lange weiterrühren, bis eine dicke Creme entsteht. Die
Nüsse, den Kakao oder Carob, das Rosenwasser und den Zimt unter die Creme rühren.

* Dann ein Backblech mit Backtrennpapier
auslegen.

* Den Teig auf der leicht bemehlten Arbeitsfläche nochmals gut durchkneten. Sollte der Teig
zu weich sein, noch etwas Mehl unterarbeiten.

* Den Teig dritteln und jedes Teigstück zu einem etwa 60 cm langen und 12 cm breiten
Strang formen.

* Die Füllung auf die drei Teigstränge streichen, dabei den Rand frei lassen. Die Streifen
zusammenrollen und die Teignaht etwas andrücken.

* Aus den drei Rollen einen Zopf flechten und
diesen in Kranzform auf das Backblech legen.
Die Oberfläche der Zopfstränge an der Obersei-
te des Kranzes mit einem scharfen Messer einschneiden.

* Den Kranz zugedeckt etwa 30 Minuten gehen lassen.

* In der Zwischenzeit den Backofen auf 220°
vorheizen.

* Das Eigelb mit der Sahne vorquirlen und den
Kranz damit bestreichen. Zuletzt die Mandelblättchen über den Kranz streuen.

* Das Backblech in den Backofen (unten)
schieben, und den Haselnußkranz in 50–55 Minuten goldbraun backen. Nach etwa 20 Minuten
die Temperatur auf 175° zurückschalten.

Neujahrsbrezeln

In manchen Gegenden ist es noch heute Brauch, am Neujahrstag den Kindern große Brezeln aus Hefeteig zu schenken.

Zutaten für 2 mittelgroße Brezeln (2 Backbleche):
200 ccm lauwarme Milch · 200 ccm lauwarmes Wasser · 25 g frische Hefe · 800 g Weizen, fein gemahlen · 2 gehäufte Teel. Meersalz · 2 Eßl. Honig · 160 g weiche Butter
Zum Bestreichen: 1 Eigelb · 2 Eßl. Milch
Für das Backblech: Backtrennpapier
Für die Arbeitsfläche: etwas Mehl
Pro Stück etwa 8400 kJ/2000 kcal
54 g Eiweiß · 82 g Fett · 260 g Kohlenhydrate · 46 g Ballaststoffe

Vorbereitungszeit: etwa 40 Minuten
Ruhezeiten: etwa 2¼ Stunden
Backzeit pro Blech: 35–40 Minuten

✳ Die Milch und das Wasser in eine Rührschüssel geben. Die Hefe darin auflösen. Das Weizenvollkornmehl, das Salz, den Honig und die Butter dazugeben. Alle Zutaten in 10–15 Minuten zu einem geschmeidigen Teig verkneten.
✳ Den Teig zugedeckt an einem warmen Ort etwa 1 Stunde gehen lassen.
✳ Den Hefeteig nochmals kräftig kneten und wiederum etwa 1 Stunde gehen lassen.
✳ Den Hefeteig auf der leicht bemehlten Arbeitsfläche ein letztes Mal kurz durchkneten und in zwei Hälften für die Brezeln aufteilen. Von jeder Hälfte ein kleines Teigstück für die Verzierung (Zopf) abschneiden.
✳ Jeweils für eine Brezel einen etwa 75 cm langen Strang rollen. Dieser soll in der Mitte dicker sein und an den Enden etwas dünner auslaufen.
✳ Ein Backblech mit Backtrennpapier auslegen. Den Backofen auf 225° vorheizen.

✳ Jeden Teigstrang zu einer Brezel formen (siehe Zeichnung) und auf das Backblech legen. Falls nötig, die Form etwas korrigieren. Aus den kleinen Teigstücken jeweils drei dünne Stränge von etwa 30 cm Länge rollen. Daraus einen Zopf flechten und die Brezeln damit verzieren.

Die geformten Brezeln können Sie zusätzlich mit einem kleinen Teigzopf verzieren.

✳ Die Brezeln zugedeckt noch etwa 15 Minuten gehen lassen.
✳ Das Eigelb mit der Milch verquirlen und die Brezeln damit bestreichen.
✳ Das Backblech in den Backofen (Mitte) schieben, und die Brezeln in 35–40 Minuten goldbraun backen. Nach etwa 15 Minuten Backzeit den Backofen auf 180° zurückschalten.
✳ Die Brezeln auf einem Kuchengitter auskühlen lassen.

Stollen und Weihnachtstorten

Die Stollenbäckerei hat traditionell ihren festen Platz in der Weihnachtszeit. Vielleicht bevorzugen Sie die klassische Art des Christstollens mit einem hohen Anteil an Butter oder einen Mandelstollen. Alljährlich ist besonders das erste Stück Stollen an Advent ein wahrer Genuß. Zu den Feiertagen darf es als Höhepunkt dieser festlichen Bäckerei auch eine Torte sein. Das in diesem Kapitel beschriebene Gebäck können Sie gut vorbereiten.

Christstollen
Bild Umschlag-Rückseite

Der Christstollen, der seinen Ursprung in Thüringen und Sachsen hat, gehört zu den berühmtesten Weihnachtsgebäcken.
Eine Legende erzählt, daß die Form des Stollens an das in Windeln gewickelte Jesuskind erinnern soll.

Zutaten für 1 Stollen:
200 ccm lauwarme Milch · 25 g frische Hefe · 500 g Weizen, fein gemahlen · 70 g Mandeln, frisch gemahlen · 1 Teel. Zimtpulver · ¼ Teel. gemahlene Nelken · ¼ Teel. gemahlener Kardamom · ¼ Teel. geriebene Muskatnuß · 1 Teel. Meersalz · 1 Ei · 80 g Honig · 50 g Magerquark · abgeriebene Schale von ½ unbehandelten Zitrone · 1 Eßl. Rosenwasser · 30 g Zitronat · 30 g Orangeat · 70 g Korinthen · 70 g ungeschwefelte Sultaninen · 160 g weiche Butter
Zum Bestreichen: etwa 100 g flüssige Butter
Zum Verzieren: 2 Eßl. Mandeln, frisch gemahlen
Für das Backblech: Backtrennpapier
Für die Arbeitsfläche: etwas Mehl
Bei 30 Scheiben etwa 720 kJ/170 kcal
4 g Eiweiß · 11 g Fett · 18 g Kohlenhydrate · 3 g Ballaststoffe pro Stück

Vorbereitungszeit: etwa 1 Stunde
Ruhezeiten: etwa 2½ Stunden
Backzeit: 60–70 Minuten

✶ Für den Hefeteig die Milch in eine Rührschüssel geben und die Hefe darin auflösen. Das Weizenvollkornmehl, die Mandeln, die Gewürze und das Salz dazugeben. Das Ei, den Honig, den Quark, die Zitronenschale und das Rosenwasser hinzufügen und alle Zutaten in mindestens 10 Minuten zu einem Hefeteig verkneten.
✶ Den Teig zugedeckt an einem warmen Ort etwa 30 Minuten gehen lassen.
✶ Den Hefeteig nochmals durchkneten und weitere 30 Minuten gehen lassen.
✶ Das Zitronat und das Orangeat in kleine Stücke schneiden.
✶ Die Korinthen, die Sultaninen, das Zitronat, das Orangeat und die Butter zu dem Hefeteig geben und gründlich unterkneten.
✶ Den Teig nochmals an einem warmen Ort etwa 1 Stunde gehen lassen.
✶ Ein Backblech mit Backtrennpapier auslegen.
✶ Den Teig auf der leicht bemehlten Arbeitsfläche kurz durchkneten und zu einem abgerundeten Rechteck von etwa 40 × 20 cm ausrollen.

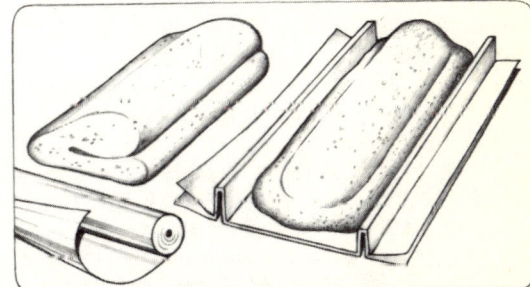

Damit der Stollen beim Backen seine Form behält, können Sie ihn in eine Manschette aus starker Alufolie legen.

Von der Längsseite her so zusammenklappen, daß ein etwa 2 cm breiter Rand frei bleibt.

✳ Den Stollen auf das Backblech legen und zugedeckt noch etwa 30 Minuten gehen lassen.

✳ In der Zwischenzeit den Backofen auf 200° vorheizen.

✳ Den Stollen mit etwas flüssiger Butter bepinseln.

✳ Das Backblech in den Backofen (unten) schieben, und den Stollen in 60–70 Minuten mittelbraun backen. Nach etwa 20 Minuten Backzeit die Temperatur auf 180° zurückschalten.

✳ Nach dem Backen den noch heißen Christstollen mit der restlichen Butter bestreichen und mit den Mandeln bestreuen.

✳ Den Stollen auf ein Kuchengitter legen und auskühlen lassen. Danach in Alufolie wickeln und kühl aufbewahren.

Gewürzstollen

Zutaten für 1 Stollen:
200 ccm lauwarme Milch · 30 g frische Hefe ·
500 g Weizen, fein gemahlen · 150 g Mandeln,
frisch gemahlen · 2 Teel. Zimtpulver · 1 Teel.
gemahlener Kardamom · ¼ Teel. gemahlener
Ingwer · ¼ Teel. gemahlene Nelken · ¼ Teel.
geriebene Muskatnuß · abgeriebene Schale
von ½ unbehandelten Orange · 1 Prise
Meersalz · 100 g Honig · 100 g Magerquark ·
100 g getrocknete Datteln (ohne Stein) ·
150 g weiche Butter
Zum Bestreichen: etwa 100 g flüssige Butter
Zum Verzieren: 2 Eßl. Mandeln, frisch gemahlen
Für das Backblech: Backtrennpapier
Für die Arbeitsfläche: etwas Mehl
Bei 30 Scheiben etwa 740 kJ/180 kcal
4 g Eiweiß · 11 g Fett · 16 g Kohlenhydrate ·
3 g Ballaststoffe pro Stück

Vorbereitungszeit: etwa 1 Stunde
Ruhezeiten: etwa 2½ Stunden
Backzeit: 60–70 Minuten

✳ Die Milch in eine Rührschüssel geben und die Hefe darin auflösen. Das Weizenvollkornmehl, die Mandeln, die Gewürze, die Orangenschale, das Salz, den Honig und den Magerquark hinzugeben und alle Zutaten in mindestens 10 Minuten zu einem Hefeteig kneten.

✳ Den Teig zugedeckt an einem warmen Ort etwa 30 Minuten gehen lassen.

✳ Den Hefeteig erneut durchkneten und etwa weitere 30 Minuten gehen lassen.

✳ Die Datteln in kleine Stückchen schneiden.

✳ Die Butter und die Datteln zu dem Teig geben und gut unterkneten.

✳ Den Teig nochmals an einem warmen Ort etwa 1 Stunde gehen lassen.

✳ Dann ein Backblech mit Backtrennpapier auslegen.

✳ Den Teig auf der leicht bemehlten Arbeitsfläche kurz durchkneten und zu einem abgerundeten Rechteck von etwa 40 × 20 cm ausrollen. Von der Längsseite her so zusammenklappen, daß ein etwa 2 cm breiter Rand frei bleibt.

✳ Den Stollen auf das Backblech legen und zugedeckt etwa 30 Minuten aufgehen lassen.

✳ In der Zwischenzeit den Backofen auf 220° vorheizen.

✳ Den Stollen mit etwas flüssiger Butter bestreichen.

✳ Das Backblech in den Backofen (unten) schieben, und den Stollen in 60–70 Minuten mittelbraun backen. Nach etwa 20 Minuten Backzeit die Temperatur auf 180° zurückschalten.

✳ Nach dem Backen den Gewürzstollen sofort mit der restlichen flüssigen Butter bestreichen und mit den Mandeln bestreuen.

✳ Den Stollen nach dem Auskühlen in Alufolie wickeln und vor dem Anschneiden mindestens 1 Woche ruhen lassen.

Mandelstollen

Zutaten für 1 Stollen:
100 g ungeschwefelte Sultaninen · 50 g Korinthen · 2 Eßl. Kirschwasser oder Rosenwasser · 230 ccm lauwarme Milch · 25 g frische Hefe · 250 g Weizen, fein gemahlen · 200 g Dinkel, fein gemahlen · 125 g Weizenvollkorngrieß · ½ Teel. Zimtpulver · ¼ Teel. gemahlener Kardamom · ¼ Teel. gemahlener Piment · abgeriebene Schale von 1 unbehandelten Zitrone · 1 Ei · 75 g Honig · 160 g weiche Butter
Für die Füllung: 1 Ei · 50 g weiche Butter · 80 g Honig · 1 Eßl. Rosenwasser · ½ Teel. Zimtpulver · 150 g Mandeln, frisch gemahlen
Zum Bestreichen: etwa 100 g flüssige Butter
Zum Verzieren: 2 Eßl. Mandeln, frisch gemahlen
Für das Backblech: Backtrennpapier
Für die Arbeitsfläche: etwas Mehl
Bei 30 Scheiben etwa 910 kJ/220 kcal
4 g Eiweiß · 13 g Fett · 21 g Kohlenhydrate · 3 g Ballaststoffe pro Stück

Quellzeit: über Nacht
Vorbereitungszeit: etwa 1 Stunde
Ruhezeiten: etwa 2½ Stunden
Backzeit: 60–70 Minuten

✳ Die Sultaninen und die Korinthen mit dem Kirschwasser oder dem Rosenwasser beträufeln und zugedeckt über Nacht durchziehen lassen.
✳ Für den Hefeteig die Milch in eine Rührschüssel geben und die Hefe darin auflösen. Das Weizen- und das Dinkelvollkornmehl sowie den Grieß dazugeben. Die Gewürze, die Zitronenschale, das Ei und den Honig hinzufügen und alle Zutaten in mindestens 10 Minuten zu einem Hefeteig verkneten.
✳ Den Teig zugedeckt an einem warmen Ort etwa 30 Minuten gehen lassen.

✳ Den Hefeteig nochmals gründlich kneten und weitere 30 Minuten gehen lassen.
✳ Die Trockenfrüchte und die Butter zu dem Teig geben und kräftig unterkneten.
✳ Den Teig zudecken und etwa 1 Stunde gehen lassen.
✳ Für die Füllung das Ei mit der Butter und dem Honig schaumig rühren. Das Rosenwasser, den Zimt und die Mandeln dazugeben.
✳ Ein Backblech mit Backtrennpapier auslegen.
✳ Den Teig auf der leicht bemehlten Arbeitsfläche kurz durchkneten und zu einem abgerundeten Rechteck von etwa 40 × 32 cm ausrollen. Die Mandelfüllung gleichmäßig darauf streichen. Das Rechteck an der Längsseite aufrollen und zu einem Stollen formen.
✳ Den Stollen auf das Backblech legen und zugedeckt etwa 30 Minuten gehen lassen.
✳ In der Zwischenzeit den Backofen auf 220° vorheizen.
✳ Den Stollen mit etwas flüssiger Butter bestreichen.
✳ Das Backblech in den Backofen (unten) schieben, und den Stollen in 60–70 Minuten mittelbraun backen. Nach etwa 20 Minuten Backzeit die Temperatur auf 180° zurückschalten.
✳ Den Stollen nach dem Backen sofort mit der restlichen Butter bestreichen und mit den Mandeln bestreuen.
✳ Den Stollen auf einem Kuchengitter auskühlen lassen. Danach in Alufolie verpacken und kühl aufbewahren.

Variante: Marzipanstollen
Diesen Stollen können Sie auch mit Marzipan füllen. Für die Marzipanfüllung 100 g Honigmarzipan (siehe Grundrezept Seite 99) fein zerbröseln. 1 Eiweiß sehr steif schlagen. 70 g geschälte gemahlene Mandeln, 1 Eßlöffel Rosenwasser und das Honigmarzipan unter das Eiweiß rühren.

Stollen und Weihnachtstorten

Dresdner Stollen

Zutaten für 1 Stollen:
150 ccm lauwarme Milch · 40 g frische Hefe ·
500 g Weizen, fein gemahlen · ¼ Teel. gemahle-
ne Nelken · 1 Teel. Zimtpulver · 1 Prise Meer-
salz · abgeriebene Schale von ½ unbehandel-
ten Zitrone · 150 g Honig · 100 g Zitronat ·
200 g weiche Butter
Zum Bestreichen: etwa 50 g flüssige Butter
Zum Verzieren: 2 Eßl. Mandeln, frisch gemahlen
Für das Backblech: Backtrennpapier
Für die Arbeitsfläche: etwas Mehl
Bei 30 Scheiben etwa 620 kJ/150 kcal
3 g Eiweiß · 10 g Fett · 17 g Kohlenhydrate ·
2 g Ballaststoffe pro Stück

Vorbereitungszeit: etwa 1 Stunde
Ruhezeiten: etwa 3 Stunden
Backzeit: 60–70 Minuten

✳ Die Milch in eine Rührschüssel geben und
die Hefe darin auflösen. Das Weizenvollkornmehl, die Gewürze, das Salz, die Zitronenschale
und den Honig dazugeben und alles in mindestens 10 Minuten zu einem Teig verkneten.
✳ Den Teig zugedeckt an einem warmen Ort
etwa 30 Minuten gehen lassen.
✳ Den Hefeteig erneut durchkneten und weitere 30 Minuten gehen lassen.
✳ Das Zitronat in kleine Stückchen schneiden.
✳ Die Butter und das Zitronat zu dem Teig geben und gut unterkneten.
✳ Den Teig etwa 1½ Stunden gehen lassen.
✳ Ein Backblech mit Backtrennpapier auslegen.
✳ Den Teig auf der leicht bemehlten Arbeitsfläche kurz durchkneten und zu einem abgerundeten Rechteck von etwa 40 × 20 cm ausrollen.
Von der Längsseite her so zusammenklappen,
daß ein etwa 2 cm breiter Rand frei bleibt.

✳ Den Stollen auf das Backblech legen und zugedeckt etwa 30 Minuten aufgehen lassen.
✳ In der Zwischenzeit den Backofen auf 200°
vorheizen.
✳ Das Backblech in den Backofen (unten)
schieben, und den Stollen in 60–70 Minuten mittelbraun backen. Nach etwa 20 Minuten Backzeit die Temperatur auf 180° zurückschalten.
✳ Den Stollen sofort nach dem Backen mit der
Butter bestreichen und mit den Mandeln bestreuen.
✳ Den gut ausgekühlten Stollen in Alufolie wik-
keln und vor dem Anschneiden mindestens
2 Wochen durchziehen lassen.

Quarkstollen

Zutaten für 1 Stollen:
100 g ungeschwefelte Sultaninen · 100 g
Korinthen · 3 Eßl. Rum oder Rosenwasser ·
30 g Zitronat · 30 g Orangeat · 200 g weiche
Butter · 2 Eier · 120 g Honig · 1 Teel. gemahle-
ne Vanille · ½ Teel. Zimtpulver · ¼ Teel. gemah-
lener Kardamom · ¼ Teel. gemahlener Piment ·
¼ Teel. geriebene Muskatnuß · 1 Prise Meer-
salz · abgeriebene Schale von ½ unbehandel-
ten Zitrone · 120 g Mandeln, frisch gemahlen ·
250 g Magerquark · 1 Päckchen Weinstein-
backpulver · 500 g Weizen, fein gemahlen
Zum Bestreichen: etwa 100 g flüssige Butter
Zum Verzieren: 2 Eßl. Mandeln, frisch gemahlen
Für das Backblech: Backtrennpapier
Für die Arbeitsfläche: etwas Mehl
Bei 30 Scheiben etwa 860 kJ/200 kcal
5 g Eiweiß · 13 g Fett · 20 g Kohlenhydrate ·
3 g Ballaststoffe pro Stück

Quellzeit: über Nacht
Vorbereitungszeit: etwa 1 Stunde
Backzeit: 50–60 Minuten

* Die Sultaninen und die Korinthen am Vorabend mit dem Rum oder dem Rosenwasser beträufeln und zugedeckt durchziehen lassen.
* Das Zitronat und das Orangeat in sehr kleine Stückchen schneiden.
* Die Butter mit den Eiern und dem Honig schaumig rühren. Die Gewürze, das Salz, die Zitronenschale und die Mandeln hinzufügen. Das Zitronat, das Orangeat, die Sultaninen und Korinthen sowie den Quark unter die Schaummasse rühren. Das Backpulver mit dem Weizenvollkornmehl mischen und unter den Teig mengen.
* Ein Backblech mit Backtrennpapier auslegen. Den Backofen auf 180° vorheizen.
* Den Teig auf der leicht bemehlten Arbeitsfläche durchkneten und zu einem abgerundeten Rechteck von etwa 40 × 20 cm ausrollen. Von der Längsseite her soweit zusammenklappen, daß ein etwa 2 cm breiter Rand frei bleibt.
* Den Stollen auf das Backblech legen und mit etwas flüssiger Butter bestreichen.
* Das Backblech in den Backofen (unten) schieben, und den Quarkstollen in 50–60 Minuten mittelbraun backen.
* Den Stollen sofort mit der restlichen flüssigen Butter bestreichen und mit den Mandeln bestreuen.
* Den Stollen auf einem Kuchengitter auskühlen lassen. Danach in Alufolie einwickeln und kühl aufbewahren. Vor dem Anschneiden mindestens 2 Tage durchziehen lassen.

Hutzelbrot

Früchtebrote sind in Süddeutschland zur Weihnachtszeit sehr beliebt. Jede Familie hat ihr spezielles Rezept, das oft über Generationen weitergegeben wird. Der Name Hutzelbrot ist von den getrockneten Birnen abgeleitet, die im Badischen »Hutzel« genannt werden.

Zutaten für 4 kleine Laibe:
200 g getrocknete ungeschwefelte Birnen · 150 g ungeschwefelte Dörrpflaumen (ohne Stein) · 100 g getrocknete ungeschwefelte Aprikosen · 100 g getrocknete ungeschwefelte Feigen · 100 g ungeschwefelte Sultaninen · 50 g Korinthen · 2 Eßl. Kirschwasser oder naturtrüber Apfelsaft · 240 ccm Einweichwasser · 25 g frische Hefe · 500 g Weizen, fein gemahlen · 40 g Honig · 1 Teel. Zimtpulver · ¼ Teel. gemahlene Nelken · ¼ Teel. gemahlener Anis · ½ Teel. Meersalz · 180 g Walnußkerne
Zum Verzieren: etwa 16 geschälte Mandelhälften
Zum Bestreichen: etwas Einweichwasser
Für das Backblech: Backtrennpapier
Pro Laib etwa 5000 kJ/1200 kcal
29 g Eiweiß · 36 g Fett · 190 g Kohlenhydrate · 34 g Ballaststoffe

Vorbereitungszeit: etwa 30 Minuten
Quellzeit: 12–15 Stunden (über Nacht)
Fertigstellung: etwa 45 Minuten
Ruhezeit: etwa 3 Stunden
Backzeit: 50–60 Minuten

* Die Birnen, die Pflaumen, die Aprikosen und die Feigen grob zerkleinern und in so viel Wasser einweichen, daß die Früchte gut davon bedeckt sind.
* Die Früchte abdecken und über Nacht stehenlassen.
* Am nächsten Tag die Früchte in ein Sieb geben und abtropfen lassen. Das Einweichwasser dabei auffangen und zum Bestreichen der Brote aufheben.
* Die Sultaninen und die Korinthen mit dem Kirschwasser oder dem Apfelsaft beträufeln und etwas durchziehen lassen.
* Für den Hefeteig das Einweichwasser abmessen und in eine Schüssel geben. Die Hefe darin auflösen. Das Weizenvollkornmehl, den

Honig, die Gewürze und das Salz dazugeben und in etwa 10 Minuten gründlich verkneten.

* Den Teig zugedeckt an einem warmen Ort etwa 30 Minuten gehen lassen.
* Den Hefeteig nochmals gut durchkneten und weitere 30 Minuten gehen lassen.
* Die Walnüsse grob hacken. Die Nüsse, die eingeweichten Trockenfrüchte, die Sultaninen und die Korinthen zu dem Hefeteig geben und gründlich unterkneten.
* Den Teig zudecken und noch etwa 1½ Stunden gehen lassen.
* Ein Backblech mit Backtrennpapier auslegen.
* Den Früchteteig kräftig durchkneten. Mit angefeuchteten Händen vier gleich große Laibe formen und auf das Backblech setzen.
* Die Früchtebrote mit den Mandeln verzieren und zugedeckt etwa 30 Minuten gehen lassen.
* Den Backofen auf 200° vorheizen.
* Die Brote mit etwas Einweichwasser bestreichen.
* Das Backblech in den Backofen (unten) schieben und die Früchtebrote in 50–60 Minuten mittelbraun backen. Nach etwa 30 Minuten Backzeit die Temperatur auf 180° zurückschalten. Falls erforderlich, die Brote mit Alufolie abdecken, damit sie nicht zu dunkel werden.
* Die Früchtebrote im ausgeschalteten Backofen noch etwa 10 Minuten stehen lassen.
* Die Früchtebrote auf einem Kuchengitter auskühlen lassen, dann 1–2 Tage kühl und luftig lagern.
* Die Brote dann in Alufolie verpacken und an einem kühlen Ort aufbewahren. Auf diese Weise bleiben die Brote 4–6 Wochen frisch. Die Früchtebrote eignen sich sehr gut zum Einfrieren.

Tip: Entscheidend für den guten Geschmack der Früchtebrote ist die Qualität der Zutaten. Verwenden Sie ungeschwefelte Trockenfrüchte aus neuer Ernte.

Mary's Christmas Cake

Ein reichhaltiger Früchtekuchen nach einem alten irischen Familienrezept.

Zutaten für eine Kastenform von 30 cm Länge: 60 g Mandeln · 30 g Zitronat · 30 g Orangeat · 150 g weiche Butter · 150 g Honig · 3 Eier · 1 Prise Meersalz · 1 Teel. Zimtpulver · ½ Teel. gemahlene Nelken · ½ Teel. gemahlener Ingwer · ¼ Teel. Kardamom · 1 Teel. Kakaopulver · 50 g Mandeln, frisch gemahlen · 3 Teel. Weinsteinbackpulver · 330 g Weizen, fein gemahlen · 1 Eßl. Rum oder naturtrüber Apfelsaft · abgeriebene Schale von 1 unbehandelten Zitrone · 100 g Korinthen · 100 g helle ungeschwefelte Rosinen (zum Beispiel australische) · 200 g dunkle ungeschwefelte Rosinen (zum Beispiel kalifornische)
Für die Form: etwas Butter · 1 Eßl. Mandeln, frisch gemahlen
Bei 12 Stücken etwa 1700 kJ/400 kcal
8 g Eiweiß · 22 g Fett · 53 g Kohlenhydrate · 6 g Ballaststoffe pro Stück

Vorbereitungszeit: etwa 35 Minuten
Backzeit: 60–70 Minuten

* Die Kastenform einfetten und mit den Mandeln ausstreuen. Den Backofen auf 175° vorheizen.
* Die Mandeln mit einem Messer grob hacken. Das Zitronat und das Orangeat in kleine Stückchen schneiden.
* Die Butter mit dem Honig und den Eiern schaumig rühren. Das Salz, die Gewürze, den Kakao, die Mandeln und das Backpulver mit dem Weizenvollkornmehl vermischen. Die Gewürzmehlmischung mit einem Rührlöffel unter die Schaummasse mengen. Den Rum oder den Apfelsaft, die Zitronenschale, die Korinthen und die Rosinen hinzufügen. Zuletzt die gehackten

Mandeln, das Zitronat und das Orangeat unter den Teig rühren.

* Den Teig in die Kastenform einfüllen und glatt streichen.
* Die Kastenform in den Backofen (unten) schieben, und den Kuchen 60–70 Minuten bakken.
* Vor dem Herausnehmen mit einem Holzstäbchen prüfen, ob der Kuchen durchgebacken ist.
* Den Kuchen auf ein Kuchengitter stürzen und auskühlen lassen.
* Vor dem Anschneiden sollte der Kuchen mindestens 1–2 Tage durchziehen. In Alufolie verpackt hält er sich einige Tage frisch.

Bozener Früchtebrot

Zutaten für 3 kleine Laibe:
200 g ungeschwefelte Sultaninen · 200 g Korinthen · 250 g getrocknete ungeschwefelte Feigen · 125 g getrocknete Datteln (ohne Stein) · 25 g Orangeat · 50 g Zitronat · abgeriebene Schale von 1 unbehandelten Zitrone · 1/16 l Kirschwasser oder naturtrüber Apfelsaft · 75 ccm lauwarmes Wasser · 25 g frische Hefe · 200 g Weizen, fein gemahlen · 50 g Honig · 1 Ei · 2 Teel. gemahlener Anis · 20 g weiche Butter · 1/4 Teel. Meersalz · 2 Eßl. Zitronensaft · 50 g Mandeln · 125 g Walnußkerne
Zum Verzieren: 12 geschälte Mandelhälften
Für das Backblech: Backtrennpapier
Pro Laib etwa 6700 kJ/1600 kcal
30 g Eiweiß · 69 g Fett · 240 g Kohlenhydrate · 32 g Ballaststoffe

Vorbereitungszeit: etwa 30 Minuten
Quellzeit: 12–15 Stunden (über Nacht)
Fertigstellung: etwa 40 Minuten
Ruhezeiten: etwa 3½ Stunden
Backzeit: 50–60 Minuten

* Die Trockenfrüchte grob zerkleinern. Das Orangeat und das Zitronat in kleine Würfel schneiden. Alles mit der Zitronenschale in eine Schüssel geben und mit dem Kirschwasser oder dem Apfelsaft übergießen.
* Die Früchtemischung etwas zusammenpressen und die Schüssel möglichst mit einem Deckel verschließen. Anschließend über Nacht gut durchziehen lassen.
* Für den Hefeteig das Wasser in eine Rührschüssel geben und die Hefe darin auflösen. Das Weizenvollkornmehl, den Honig, das Ei, den Anis, die Butter, das Salz und den Zitronensaft dazugeben. Den Hefeteig in etwa 10 Minuten gründlich verkneten.
* Den Teig zugedeckt an einem warmen Ort etwa 1 Stunde gehen lassen.
* Den Hefeteig nochmals kräftig durchkneten und etwa 30 Minuten gehen lassen.
* Die Mandeln und die Walnüsse grob hacken.
* Die Mandeln, die Nüsse und die Früchtemischung zu dem Hefeteig geben.
* Den Teig gut durchkneten und nochmals 1½ Stunden gehen lassen.
* Ein Backblech mit Backtrennpapier auslegen.
* Den Früchteteig nochmals durchkneten und mit angefeuchteten Händen drei gleich große Laibe formen. Die Laibe auf das Backblech setzen und mit den Mandeln verzieren.
* Die Früchtebrote zugedeckt noch etwa 30 Minuten gehen lassen.
* In der Zwischenzeit den Backofen auf 200° vorheizen.
* Das Backblech in den Backofen (unten) schieben, und die Früchtebrote in 50–60 Minuten mittelbraun backen. Nach 20 Minuten Backzeit die Temperatur auf 180° zurückschalten. Die Brote eventuell mit Alufolie abdecken, damit sie nicht zu dunkel werden.
* Die Früchtebrote im ausgeschalteten Backofen noch 10 Minuten stehenlassen.

＊ Die Früchtebrote auf einem Kuchengitter gut auskühlen lassen, dann 1–2 Tage kühl und luftig lagern.

＊ Die Brote in Alufolie verpacken und kühl aufbewahren. Die Früchtebrote halten sich auf diese Weise 4–6 Wochen frisch.

Früchtekuchen im Mürbeteigmantel
Bild Seite 74

Zutaten für eine Springform von 26 cm ∅ :
150 g ungeschwefelte Dörrpflaumen (ohne Stein) · 100 g getrocknete ungeschwefelte Äpfel · 120 g ungeschwefelte Rosinen · 120 g Korinthen · ¼ l naturtrüber Apfelsaft · je 50 g getrocknete ungeschwefelte Feigen und Datteln (ohne Stein) · 150 g weiche Butter · 125 g Honig · 4 Eier · 150 g Weizen, fein gemahlen · ½ Teel. Zimtpulver · ¼ Teel. gemahlene Nelken · 1 Teel. Weinsteinbackpulver · 100 g Mandeln, fein gehackt
Für den Mürbeteig: 230 g kalte Butter · 350 g Weizen, fein gemahlen · 1 Teel. Weinsteinbackpulver · 1 Prise Meersalz · 3 Eßl. Sahne · 3 Eßl. Wasser
Zum Bestreichen: 1 Eigelb · 1 Eßl. Sahne
Für die Form: etwas Butter
Für die Arbeitsfläche: etwas Mehl
Bei 16 Stücken etwa 2000 kJ/480 kcal
8 g Eiweiß · 27 g Fett · 52 g Kohlenhydrate · 8 g Ballaststoffe pro Stück

Vorbereitungszeit: etwa 40 Minuten
Ruhezeiten: etwa 1 Stunde
Fertigstellung: etwa 30 Minuten
Backzeit: 80–90 Minuten

＊ Die Pflaumen und die Äpfel in kleine Stückchen schneiden. Die Rosinen, die Korinthen, die Pflaumen und die Äpfel in eine Schüssel geben.

＊ Den Apfelsaft erhitzen und über die Trockenfrüchte gießen. Die Früchte zugedeckt etwa 1 Stunde durchziehen lassen.

＊ Für den Mürbeteig die Butter in Würfel schneiden. Die Butter, das Weizenvollkornmehl, das Backpulver und das Salz in eine Rührschüssel geben. Diese Zutaten mit den Händen so lange vermengen, bis feine Brösel entstehen. Zuletzt die Sahne und das Wasser dazugeben und alles zu einem geschmeidigen Teig verkneten.

＊ Den Mürbeteig zugedeckt etwa 1 Stunde im Kühlschrank ruhen lassen.

＊ Die eingeweichten Trockenfrüchte in ein Sieb geben und abtropfen lassen.

＊ Die Feigen und die Datteln in kleine Stücke schneiden.

＊ Die Butter mit dem Honig und den Eiern schaumig rühren. Das Weizenvollkornmehl mit den Gewürzen und dem Backpulver vermischen und zur Schaummasse geben. Die Feigen, die Datteln und die Mandeln unterarbeiten. Zuletzt die Trockenfrüchte unter den Teig rühren.

＊ Eine Springform leicht mit Butter ausfetten. Den Backofen auf 180° vorheizen.

＊ Den Mürbeteig auf der leicht bemehlten Arbeitsfläche kurz durchkneten. Den Teig halbieren. Die eine Hälfte des Teiges dünn ausrollen. Den Boden der Springform mit dem Teig auslegen und einen 3 cm hohen Rand formen. Den Früchterührteig in die Form füllen und glatt streichen.

＊ Von dem restlichen Mürbeteig zwei Drittel zu einer runden Platte ausrollen. Die Platte auf den Früchterührteig legen. Das Eigelb mit der Sahne verquirlen und die Platte damit (bis auf einen kleinen Rest) bestreichen.

＊ Das letzte Drittel des Teiges 3–4 mm dick ausrollen und verschiedene weihnachtliche Formen ausstechen (zum Beispiel Sterne unterschiedlicher Größe, Tannenbäume oder Engel).

Die Formen dekorativ auf die Teigplatte legen und mit der restlichen Sahnemischung bestreichen.

✳ Die Form in den Backofen (unten) schieben, und den Kuchen 80–90 Minuten backen.

✳ Vor dem Herausnehmen mit einem Holzstäbchen prüfen, ob der Kuchen durchgebacken ist.

Tip: Den Kuchen können Sie gut vorbereiten. In Folie verpackt hält er sich wunderbar frisch.

Gefüllte Weihnachtstörtchen
Bild Seite 91

Zutaten für etwa 16 Stück (1 Backblech):
Für die Füllung: 120 g getrocknete ungeschwefelte Äpfel oder Aprikosen · 120 g tiefgefrorene Himbeeren · 2 Eßl. Honig
Für den Teig: 1 Ei · 2 Eßl. kaltgepreßtes Öl (zum Beispiel Distelöl) · 150 g Honig · 1 Teel. Zimtpulver · ¼ Teel. gemahlener Kardamom · ¼ Teel. gemahlene Muskatblüte · 225 g Weizen, fein gemahlen · ¾ Teel. Hirschhornsalz · 1 Eßl. Wasser
Für die Glasur: 1 gehäufter Eßl. Kakao- oder Carobpulver · 30 g Honig · 1 Eßl. Sahne · 1 Eßl. Wasser · 25 g Kokosfett
Zum Verzieren: 25 g Honigmarzipan (siehe Grundrezept Seite 99) · 2–3 Eßl. Mandeln, fein gehackt
Für das Backblech: Backtrennpapier
Für die Arbeitsfläche: etwas Mehl
Pro Stück etwa 710 kJ/170 kcal
3 g Eiweiß · 6 g Fett · 26 g Kohlenhydrate · 3 g Ballaststoffe

Vorbereitungszeit: etwa 1 Stunde
Ruhezeit: etwa 1 Stunde
Backzeit: etwa 15 Minuten
Fertigstellung: etwa 30 Minuten

✳ Für die Füllung die Trockenfrüchte sehr klein schneiden. Die aufgetauten Himbeeren mit dem Honig pürieren.

✳ Die Trockenfrüchte zu den Himbeeren geben und zugedeckt etwa 1 Stunde quellen lassen.

✳ Für den Teig das Ei, das Öl und den Honig in einer Rührschüssel schaumig schlagen. Die Gewürze mit dem Weizenvollkornmehl vermischen und mit einem Rührlöffel unter die Schaummasse heben.

✳ Zuletzt das Hirschhornsalz in dem Wasser auflösen und unter den Teig rühren.

✳ Den Teig abdecken und etwa 1 Stunde im Kühlschrank ruhen lassen.

✳ In der Zwischenzeit die Marzipanverzierung vorbereiten. Dafür das Honigmarzipan zwischen zwei Plastikfolien etwa 3 mm dick ausrollen und 16 kleine Sterne ausstechen.

✳ Den Backofen auf 200° vorheizen. Ein Backblech mit Backtrennpapier auslegen.

✳ Den Teig auf der leicht bemehlten Arbeitsfläche etwa 1 cm dick ausrollen. Kreise von etwa 7 cm ⌀ ausstechen und auf das Backblech setzen.

✳ Das Backblech in den Backofen (Mitte) schieben, und die Törtchen in etwa 15 Minuten mittelbraun backen.

Die Törtchen werden in der Mitte quer durchgeschnitten, mit Fruchtpüree zusammengesetzt und mit Glasur und Marzipansternen verziert.

Stollen und Weihnachtstorten

✳ Die Törtchen sofort vom Backblech nehmen und auf einem Kuchengitter auskühlen lassen.
✳ Für die Füllung die Fruchtmasse in einen kleinen Topf geben und unter Rühren einmal aufkochen lassen. Vom Herd nehmen und die Füllung pürieren.
✳ Die Törtchen mit einem Sägemesser in der Mitte quer durchschneiden. Die untere Hälfte mit Füllung bestreichen und die obere Hälfte wieder daraufsetzen.
✳ Für die Glasur den Kakao oder Carob mit dem Honig, der Sahne und dem Wasser glatt rühren.
✳ Das Kokosfett in einen kleinen Topf geben und bei schwacher Hitze zerlassen. Den Topf vom Herd nehmen und die Kakao- oder Carobmasse unter das flüssige Fett rühren.
✳ Die Glasur mit einem Pinsel auf den Törtchen verteilen. Die Törtchen am Rand mit den gehackten Mandeln bestreuen und in der Mitte mit einem Marzipanstern verzieren. Die Glasur gut trocknen lassen.
✳ Die Törtchen kühl aufbewahren und noch etwas durchziehen lassen.

Gewürztorte

Zutaten für eine Springform von 26 cm ⌀ :
Für die Füllung: 150 g getrocknete ungeschwefelte Datteln (ohne Stein) · 150 g tiefgefrorene Himbeeren
Für den Teig: 50 g getrocknete ungeschwefelte Datteln (ohne Stein) · 120 g weiche Butter · 120 g Honig · 4 Eigelbe · 1 Eßl. Rum oder Rosenwasser · 1 Teel. Zimtpulver · ¼ Teel. gemahlene Nelken · ¼ Teel. gemahlener Kardamom · 1 Teel. Kakao- oder Carobpulver · 80 g Haselnußkerne, frisch gemahlen · 70 g feine Vollkornbrösel · 2 Teel. Weinstein-backpulver · 4 Eiweiße

Zum Bestreuen: 30 g Haselnußkerne, frisch gemahlen
Für die Form: etwas Butter · 2 Eßl. Haselnußkerne, frisch gemahlen
Bei 12 Stücken etwa 1100 kJ/260 kcal
5 g Eiweiß · 18 g Fett · 23 g Kohlenhydrate · 3 g Ballaststoffe pro Stück

Vorbereitungszeit: etwa 45 Minuten
Quellzeit: etwa 1 Stunde
Fertigstellung: etwa 30 Minuten
Backzeit: 45–50 Minuten

✳ Für die Füllung die Datteln in kleine Stückchen schneiden.
✳ Die aufgetauten Himbeeren pürieren, die Datteln dazugeben und alles zugedeckt etwa 1 Stunde quellen lassen.
✳ Die Springform fetten und mit den Haselnüssen ausstreuen.
✳ Für den Rührteig die Datteln klein schneiden.
✳ Den Backofen auf 180° vorheizen.
✳ Die Butter, den Honig, die Eigelbe, den Rum oder das Rosenwasser und die Gewürze in eine Rührschüssel geben und schaumig schlagen.

Für die gefüllten Weihnachtstörtchen (von links nach rechts) Honigmarzipan zwischen Folie dünn ausrollen, dann Sterne ausstechen. Den Teig ebenfalls ausrollen und zu Kreisen ausstechen. Die Kreise backen, auskühlen lassen und einmal durchschneiden. Dann die unteren Teighälften mit einem Püree aus getrockneten Früchten, Himbeeren und Honig bestreichen. Die Törtchen zusammensetzen, mit einer Kakao- oder Carobglasur bestreichen und mit den Marzipansternen verzieren. Rezept Seite 89.

Den Kakao oder Carob, die Haselnüsse, die Vollkornbrösel und das Backpulver unterrühren.

* Die Eiweiße sehr steif schlagen und mit einem Schneebesen unter den Teig ziehen. Die Masse in die vorbereitete Springform füllen und glatt streichen.

* Die Springform in den Backofen (Mitte) schieben, und den Kuchen 45–50 Minuten backken.

* Vor dem Herausnehmen mit einem Holzstäbchen prüfen, ob die Torte durchgebacken ist.

* Den Springformrand entfernen und die Gewürztorte zum Erkalten auf ein Kuchengitter stürzen.

* Die Fruchtfüllung in einen kleinen Topf geben und unter Rühren einmal aufkochen lassen.

* Den Topf vom Herd nehmen und die Füllung pürieren.

* Die Torte mit einem Sägemesser einmal durchschneiden. Etwa zwei Drittel der Fruchtmasse auf den unteren Boden der Torte streichen. Den oberen Teil darauf setzen. Die Oberfläche mit dem restlichen Fruchtmus bestreichen und die Haselnüsse darüberstreuen.

* Die Gewürztorte vor dem Anschneiden an einem kühlen Ort 1 Tag durchziehen lassen.

◁ Trockenpflaumen mit einer Füllung aus Nüssen, Honig und Gewürzen (unten) sowie Flockenkonfekt aus Hafer- und Kokosflocken (oben) sind hübsche Geschenke aus vollwertigen Zutaten. Rezepte Seite 105 und 101.

Orangentorte
Bild Umschlag-Rückseite

Eine erfrischende Torte aus Mandelbiskuit für den festlichen Nachmittag.

Zutaten für eine Springform von 26 cm ⌀ :
Für den Mürbeteig: 85 g kalte Butter · 150 g Weizen, fein gemahlen · ¼ Teel. Weinstein-backpulver · 1 Prise Meersalz · 1 Eßl. Sahne · 1 Eßl. Wasser
Für den Mandelbiskuit: 6 Eiweiße · 3 Eßl. kaltes Wasser · 1 Prise Meersalz · 130 g flüssiger Honig (zum Beispiel Akazienhonig) · 6 Eigelbe · 180 g Mandeln, frisch gemahlen · 70 g Weizen, fein gemahlen
Für die Füllung: 3 unbehandelte Orangen · 400 g Sahne · 150 g Mandeln, frisch gemahlen · 60 g Honig
Zum Bestreichen: 2 Eßl. herbe honiggesüßte Marmelade (zum Beispiel Orangen- oder Aprikosenmarmelade)
Zum Verzieren: 200 g Sahne · 2 Eßl. Mandelblättchen · etwas unbehandelte Orangenschale · Orangenstückchen (von der Füllung)
Für die Form: Backtrennpapier
Bei 16 Stücken etwa 1700 kJ/400 kcal
9 g Eiweiß · 31 g Fett · 24 g Kohlenhydrate · 4 g Ballaststoffe pro Stück

Vorbereitungszeit: etwa 1 Stunde
Ruhezeit: etwa 40 Minuten
Backzeit: insgesamt etwa 1¼ Stunden
Zeit zum Durchziehen: eventuell 1 Tag
Fertigstellung: etwa 35 Minuten

* Den Boden einer Springform mit Backtrennpapier auslegen.

* Für den Mürbeteig die Butter in kleine Würfel schneiden und mit dem Weizenvollkornmehl, dem Backpulver und dem Salz in eine Rührschüssel geben. Die Zutaten mit den Händen so

lange vermengen, bis feine Brösel entstehen. Die Sahne und das Wasser dazugeben und alles zu einem geschmeidigen Teig verkneten.

* Den Mürbeteig in die Springform geben und mit den Händen gleichmäßig auf dem Boden verteilen. Dabei den Teig gut andrücken. Den Teig mehrmals mit einer Gabel einstechen.

* Die Form etwa 40 Minuten in den Kühlschrank stellen.

* In der Zwischenzeit den Backofen auf 200° vorheizen.

* Die Springform in den Backofen (Mitte) schieben, und den Mürbeteigboden etwa 25 Minuten backen.

* Den Boden aus der Form nehmen und auf einem Kuchengitter auskühlen lassen.

* Für den Mandelsbiskuit den Springformboden mit Backtrennpapier auslegen; den Rand nicht fetten.

* Die Eiweiße mit dem Wasser und dem Salz in einer hohen Schüssel mit den Quirlen des Handrührgerätes auf der höchsten Schaltstufe sehr steif schlagen. Nach und nach den Honig dazugeben und so lange weiterrühren, bis eine dicke Creme entsteht.

* Das Gerät auf die niedrige Stufe schalten und die Eigelbe kurz unterrühren.

* Den Backofen auf 175° vorheizen.

* Die Mandeln und das Weizenmehl mit einem Schneebesen unter die Creme heben.

* Den Teig in die Springform füllen und glatt streichen.

* Die Springform in den Backofen (Mitte) schieben, und die Torte 45–50 Minuten backen. Nach 30 Minuten Backzeit die Oberfläche mit Pergamentpapier abdecken.

* Am Ende der Backzeit mit einem Holzstäbchen prüfen, ob die Torte durchgebacken ist.

* Den Kuchen 10 Minuten in der Springform abkühlen lassen.

* Den Kuchen mit einem Messer vorsichtig vom Springformrand lösen, die Form öffnen.

* Die Biskuittorte auf ein Kuchengitter stürzen und das Backtrennpapier abziehen. Die Torte möglichst 1 Tag ruhen lassen.

* Die Torte mit einem scharfen Messer zweimal durchschneiden.

* Für die Füllung die Orangen schälen und die weiße Fruchthaut sorgfältig entfernen. Mit einem Sägemesser zuerst in feine Scheiben, dann in kleine Stückchen schneiden. Einige Orangenstückchen zum Verzieren zurücklegen.

* Die Mandelblättchen in einer Pfanne bei mittlerer Hitze unter Rühren goldbraun rösten. Die Mandeln auf einem Teller abkühlen lassen.

* Die Marmelade in einem kleinen Topf unter Rühren bei schwacher Hitze erwärmen.

* Den Mürbeteigboden auf eine Kuchenplatte legen und mit der Marmelade bestreichen. Den untersten Teil der Biskuittorte auf den bestrichenen Mürbeteigboden setzen.

* Für die Füllung die Sahne sehr steif schlagen. Die Mandeln unterrühren und die Creme mit dem Honig abschmecken.

* Die Hälfte der Mandelcreme gleichmäßig auf dem untersten Biskuitboden verstreichen. Etwa die Hälfte der Orangenstückchen auf der Creme verteilen. Den nächsten Boden daraufsetzen und diesen wiederum mit Mandelcreme bestreichen und mit Orangenstückchen bedecken. Den letzten Boden daraufsetzen.

* Zum Verzieren die Sahne sehr steif schlagen und die Oberfläche und den Rand der Torte damit bestreichen.

* Von der Orangenschale hauchdünne Streifchen abschneiden. Die Oberfläche der Torte mit den zurückgelegten Orangenstücken, der Orangenschale und den Mandelblättchen garnieren.

Linzertorte

Zutaten für eine Springform von 26 cm ⌀ :
Für die Füllung: 150 g getrocknete Datteln
(ohne Stein) · 150 g tiefgefrorene Himbeeren
Für den Teig: 200 g weiche Butter · 150 g
Honig · 1 Ei · 1 Eßl. Kirschwasser oder Rosen-
wasser · 1 Teel. Zimtpulver · ¼ Teel. gemah-
lene Nelken · 1 Prise Meersalz · 2 Teel. Kakao-
oder Carobpulver · 200 g Weizen, fein
gemahlen · 250 g Walnußkerne oder Mandeln,
frisch gemahlen
Zum Bestreichen: 1 Eigelb · 1 Eßl. Milch
Für die Form: etwas Butter
Für die Arbeitsfläche: etwas Mehl
Bei 12 Stücken etwa 1700 kJ/400 kcal
7 g Eiweiß · 29 g Fett · 32 g Kohlenhydrate ·
5 g Ballaststoffe pro Stück

Vorbereitungszeit: etwa 30 Minuten
Ruhezeit: etwa 1 Stunde
Fertigstellung: etwa 15 Minuten
Backzeit: 40–50 Minuten

✳ Für die Füllung die Datteln klein schneiden.
✳ Die aufgetauten Himbeeren mit den Datteln
zu einem streichfähigen Mus pürieren.
✳ Die Butter, den Honig und das Ei schaumig
rühren. Das Kirschwasser oder das Rosenwasser, die Gewürze, das Salz und den Kakao oder
Carob hinzufügen. Das Weizenvollkornmehl mit
einem Rührlöffel unter die Masse heben. Zuletzt
die Nüsse oder Mandeln untermischen.
✳ Den geschmeidigen Teig im Kühlschrank etwa 1 Stunde ruhen lassen.
✳ Den Backofen auf 180° vorheizen. Die
Springform leicht mit Butter ausfetten.
✳ Zwei Drittel des Teiges auf der leicht bemehlten Arbeitsfläche ausrollen. Den Boden der
Springform damit auslegen und einen etwa
1,5 cm hohen Rand formen. Das Fruchtmus
gleichmäßig auf den Teigboden streichen.

✳ Den restlichen Teig 2–3 mm dick ausrollen.
Aus etwa der Hälfte des Teiges mit einem Teigrädchen 7 mm breite Streifen ausschneiden und
im Abstand von etwa 5 cm gitterartig auf das
Fruchtmus legen.
✳ Aus dem übrigen Teig Sterne von etwa 4 cm
⌀ ausstechen und in die Zwischenräume legen.
✳ Das Eigelb mit der Milch verquirlen. Die Teigstreifen und die Sterne damit bestreichen.
✳ Das Backblech in den Backofen (Mitte)
schieben, und den Kuchen in 40–50 Minuten
mittelbraun backen.

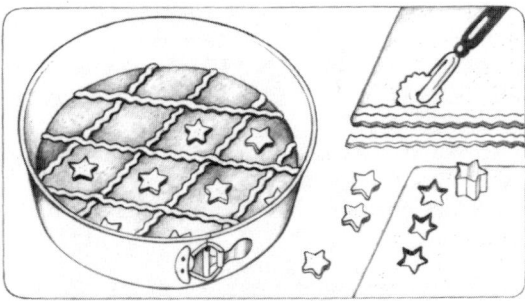

Die bekannte Linzer Torte wird durch eine Verzierung
aus Teigstreifen und -sternchen zu einem festlichen
Kuchen.

✳ Den fertigen Kuchen noch einige Minuten in
der Form auskühlen lassen. Den Springformrand entfernen und die Linzertorte zum völligen
Erkalten auf ein Kuchengitter legen.
✳ Den Kuchen in Alufolie einpacken und vor
dem Anschneiden an einem kühlen Ort mindestens 2 Tage durchziehen lassen.

Tip: Als Füllung können Sie auch honiggesüßte
Himbeer- oder Johannisbeermarmelade verwenden.

Festliche Möhrentorte

Diese Torte läßt sich sehr gut vorbereiten, da sie möglichst 1–2 Tage durchziehen sollte.

Zutaten für eine Springform von 26 cm ⌀ :
200 g Möhren · 5 Eiweiße · 1 Prise Meersalz ·
200 g Honig · 5 Eigelbe · 2 Eßl. Kirschwasser
oder Rosenwasser · ¼ Teel. gemahlene
Nelken · ¼ Teel. Zimtpulver · 250 g Mandeln,
frisch gemahlen · 2 Teel. Weinsteinbackpulver ·
50 g Weizen, fein gemahlen
Zum Verzieren: 50 g Mandelblättchen · etwa
100 g Honigmarzipan (siehe Grundrezept
Seite 99) · abgeriebene Schale von 1 unbehan-
delten Orange · etwa 25 g Pistazienkerne
Für die Glasur: 2 Eßl. Eiweiß · 3 Eßl. Zucker-
rohrgranulat
Für die Form: etwas Butter · 2 Eßl. Mandeln,
frisch gemahlen
Bei 12 Stücken etwa 1400 kJ/330 kcal
10 g Eiweiß · 21 g Fett · 27 g Kohlenhydrate ·
4 g Ballaststoffe pro Stück

Vorbereitungszeit: etwa 45 Minuten
Backzeit: etwa 50 Minuten
Fertigstellung: etwa 45 Minuten

✳ Die Springform mit Butter ausfetten und mit den Mandeln ausstreuen.
✳ Den Backofen auf 180° vorheizen.
✳ Die Möhren putzen, waschen, schälen und fein reiben.
✳ Die Eiweiße mit dem Salz sehr steif schlagen. Nach und nach den Honig dazugeben und so lange weiterrühren, bis eine dicke Creme entsteht. Die Eigelbe und das Kirschwasser oder das Rosenwasser mit den Quirlen des Hand-rührgerätes auf niedrigster Stufe unterrühren. Die Gewürze, die Mandeln, das Backpulver und das Weizenvollkornmehl vermischen und mit ei-nem Schneebesen vorsichtig unter die Creme heben. Zuletzt die Möhren locker untermischen.
✳ Den Teig in die Springform füllen und glatt streichen.
✳ Die Springform in den Backofen (Mitte) ge-ben, und die Möhrentorte etwa 50 Minuten bak-ken. Falls nötig, gegen Ende der Backzeit die Oberfläche mit Pergamentpapier abdecken.
✳ Vor dem Herausnehmen mit einem Holzstäb-chen prüfen, ob die Torte durchgebacken ist.
✳ Den Kuchenrand mit einem Messer vorsich-tig von der Form lösen; die Springform öffnen. Die Torte auf ein Kuchengitter stürzen und gut auskühlen lassen. Die Möhrentorte sollte mög-lichst 1–2 Tage ruhen.

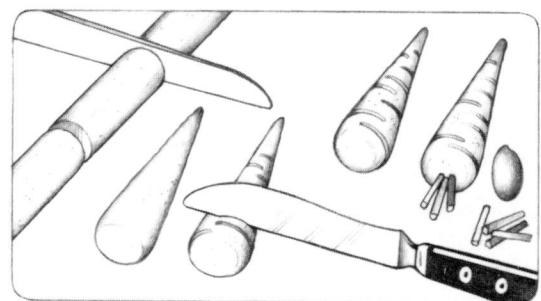

Zur Verzierung der Torte Honigmarzipan mit Orangen-schale färben und kleine Möhren daraus formen.

✳ Für die Verzierung die Mandelblättchen in ei-ne trockene Pfanne geben und unter ständigem Rühren bei mittlerer Hitze goldgelb anrösten. Danach auf einem Teller auskühlen lassen.
✳ Das Honigmarzipan mit der Orangenschale gut verkneten und 12 kleine Möhren formen. Die Oberfläche der Möhren quer einkerben.
✳ Die Pistazien in feine Stifte schneiden und als Stiele in die Möhrchen stecken.
✳ Für die Glasur das Eiweiß sehr steif schla-gen. Das Granulat dazugeben und so lange rüh-ren, bis eine cremige Masse entsteht. Das Gra-nulat sollte ganz aufgelöst sein.

* Die Glasur mit einer Palette oder einem Messer am Rand und auf der Oberfläche der Torte verstreichen.
* Den Rand mit den Mandelblättchen bestreuen und die Torte mit den Marzipanmöhrchen belegen.

Erfrischende Kiwi-Quarktorte

Zutaten für eine Springform von 26 cm Ø :
80 g weiche Butter · 1 Eßl. Honig · 1 Eigelb ·
160 g Weizen, fein gemahlen · 1 Teel. Weinsteinbackpulver
Für die Creme: 2 Eiweiße · 200 g Sahne ·
500 g Magerquark · 2 Eigelbe · 100 g Honig ·
Saft von 1 Zitrone · 5 Teel. Biobin
Zum Verzieren: 3 Kiwis
Für die Form: etwas Butter
Für die Arbeitsfläche: etwas Mehl
Bei 16 Stücken etwa 760 kJ/180 kcal
7 g Eiweiß · 10 g Fett · 16 g Kohlenhydrate ·
2 g Ballaststoffe pro Stück

Vorbereitungszeit: etwa 15 Minuten
Ruhezeit: etwa 1 Stunde
Backzeit: 20–25 Minuten
Fertigstellung: etwa 40 Minuten
Kühlzeit: 1–2 Stunden

* Die Butter, den Honig und das Eigelb in eine Rührschüssel geben und schaumig schlagen. Das Weizenvollkornmehl mit dem Backpulver mischen und unter die Schaummasse rühren.
* Den geschmeidigen Teig zugedeckt etwa 1 Stunde im Kühlschrank ruhen lassen.
* Den Boden einer Springform mit Butter ausfetten. Den Backofen auf 200° vorheizen.
* Den Mürbeteig auf der leicht bemehlten Arbeitsfläche kurz durchkneten und in Größe der Springform ausrollen. Den Teig in die Form legen, leicht andrücken und mit einer Gabel mehrmals einstechen.
* Die Form in den Backofen (Mitte) schieben und den Kuchen 20–25 Minuten backen.
* Den Mürbeteigboden auf einem Kuchengitter auskühlen lassen.
* Den Kuchenboden auf eine Tortenplatte legen und mit dem Springformrand umstellen.
* Für die Creme die Eiweiße und die Sahne getrennt steif schlagen.
* Den Quark, die Eigelbe, den Honig und den Zitronensaft in eine Schüssel geben und cremig rühren. Das Biobin hinzufügen und gut unterrühren. Zuletzt die Sahne und danach den Eischnee mit einem Schneebesen unter die Quarkmasse heben.
* Die Quarkcreme auf den Mürbeteig geben und glatt streichen.
* Die Torte zudecken und für 1–2 Stunden in den Kühlschrank stellen.
* Die Quarkmasse mit einem Messer vom Rand der Springform lösen, dann die Form öffnen.
* Die Kiwis schälen, in Scheiben schneiden und die Oberfläche der Torte damit dekorativ verzieren.

Marzipan-Baumkuchen

Zutaten für eine Springform von 26 cm Ø :
5 Eiweiße · 1 Prise Meersalz · 250 g weiche
Butter · 180 g Honig · 5 Eigelbe · 1 Eßl. Kirsch
wasser oder Rosenwasser · ¼ Teel. Zimt
pulver · 250 g Weizen, fein gemahlen · 2 Teel.
Weinsteinbackpulver · 80 g Mandeln, frisch
gemahlen
Für die Füllung: 150 g Honigmarzipan (siehe
Grundrezept Seite 99) · 2 Eßl. Kirschwasser
oder Rosenwasser

Stollen und Weihnachtstorten

Für die Glasur: 1 gehäufter Eßl. Kakao- oder Carobpulver · 30 g Honig · 1 Eßl. Sahne · 1 Eßl. Wasser · 25 g Kokosfett
Zum Bestreuen: etwa 2 Eßl. Kokosflocken
Für die Form: etwas Butter
Bei 20 Stücken etwa 1100 kJ/260 kcal
5 g Eiweiß · 18 g Fett · 21 g Kohlenhydrate · 2 g Ballaststoffe pro Stück

Vorbereitungszeit: etwa 25 Minuten
Backzeit: insgesamt etwa 45 Minuten
Fertigstellung: etwa 35 Minuten

✻ Eine Springform leicht mit Butter ausfetten. Den Backofengrill vorheizen oder den Backofen auf 250° einstellen.
✻ Die Eiweiße mit dem Salz sehr steif schlagen.
✻ Die Butter mit dem Honig, den Eigelben, dem Kirschwasser oder dem Rosenwasser und dem Zimt cremig rühren; dabei die Rührschüssel in ein warmes Wasserbad stellen.
✻ Das Weizenvollkornmehl mit dem Backpulver vermischen und mit den Mandeln zur Schaummasse hinzufügen. Zuletzt den Eischnee unter den Teig ziehen.
✻ Etwa 2 Eßlöffel Teig gleichmäßig auf dem Springformboden verstreichen.
✻ Die Form unter den Grill oder in den Backofen (oben) schieben, und den Teig in 3–5 Minuten goldbraun backen.
✻ Die Form aus dem Backofen nehmen. 2 Eßlöffel Teig auf der gebackenen Schicht verstreichen und wie die erste Schicht backen. In dieser Weise fortfahren, bis der ganze Teig aufgebraucht ist.
✻ Nach der letzten Schicht die Torte etwa 10 Minuten in der Form abkühlen lassen.
✻ Den Springformrand lösen und den Kuchen auf einem Kuchengitter erkalten lassen. Falls nötig, den dunklen Rand etwas abschneiden.
✻ Für die Füllung das Honigmarzipan mit dem Kirschwasser oder dem Rosenwasser vermengen.

✻ Den Baumkuchen mit einem scharfen Sägemesser einmal durchschneiden.
✻ Das Marzipan auf dem unteren Boden verstreichen und den zweiten Boden daraufsetzen.
✻ Für die Glasur den Kakao oder Carob mit dem Honig, der Sahne und dem Wasser glatt rühren.
✻ Das Kokosfett in einen kleinen Topf geben und bei schwacher Hitze zerlassen. Den Topf vom Herd nehmen und die Kakao- oder Carobmasse unter das flüssige Fett rühren.
✻ Den Baumkuchen mit der Glasur bestreichen und leicht antrocknen lassen.
✻ Eine sternförmige Papierschablone anfertigen (siehe Zeichnung) und auf den Baumkuchen legen. Die Kokosflocken darüber streuen. Die Papierschablone vorsichtig abnehmen.

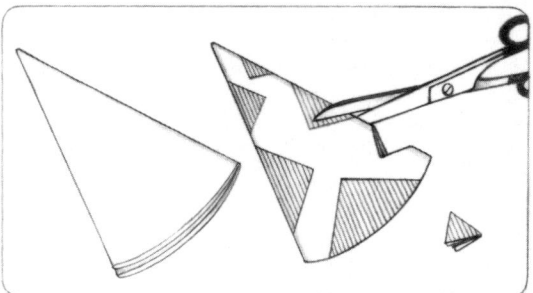

Zum Verzieren des Kuchens ein rundes Stück Papier zusammenfalten und beliebige dekorative Formen hineinschneiden.

✻ Den Baumkuchen in Alufolie wickeln und an einem kühlen Ort etwa 1 Woche durchziehen lassen.
✻ Zum Servieren den Baumkuchen in kleine Stückchen aufschneiden.

Konfekt und Pralinen

Verführerische Naschereien, die mit viel Liebe und feinen naturbelassenen Zutaten hergestellt werden. Vielleicht überraschen Sie Freunde und Bekannte mit Geschenken aus Ihrer Pralinen-küche!

Mandelsplitter

Zutaten für etwa 30 Stück:
50 g ungeschwefelte Rosinen · 30 g Butter · 150 g Mandelsplitter · ¼ Teel. gemahlene Vanille · 1 gehäufter Eßl. Kakao- oder Carob-pulver · 30 g Honig · 1 Eßl. Sahne · 1 Eßl. Wasser · 25 g Kokosfett · etwas Öl · etwa 30 Papierförmchen für Pralinen
Pro Stück etwa 230 kJ/55 kcal
1 g Eiweiß · 5 g Fett · 2 g Kohlenhydrate · 1 g Ballaststoffe

Vorbereitungszeit: etwa 25 Minuten
Ruhezeit: etwa 30 Minuten
Fertigstellung: etwa 15 Minuten
Kühlzeit: etwa 30 Minuten

✳ Die Rosinen in kleine Stückchen schneiden.
✳ Die Butter in einen Topf geben und bei schwacher Hitze zerlassen. Die Mandelsplitter darin in etwa 8 Minuten goldgelb rösten.
✳ Danach die Mandelsplitter, die Rosinen und die Vanille in eine Schüssel geben.
✳ Den Kakao oder Carob mit dem Honig, der Sahne und dem Wasser glatt rühren.
✳ Das Kokosfett in einen kleinen Topf geben und bei schwacher Hitze zerlassen. Den Topf vom Herd nehmen und die Kakao- oder Carob-masse unter das flüssige Fett rühren.
✳ Den Kakao- oder Carobguß sofort über die Mandeln und Rosinen gießen und gut vermischen. Die Masse etwa 30 Minuten abkühlen lassen.

✳ Ein Stück Alufolie leicht mit Öl bestreichen.
✳ Zum Formen der Mandelsplitter jeweils 1 gehäuften Teelöffel Mandelmasse abnehmen und auf dem Teelöffel mit den Fingern zu einem Häufchen zusammendrücken.
✳ Die Mandelsplitter auf die Alufolie setzen und in etwa 30 Minuten im Kühlschrank fest werden lassen.
✳ Die fertigen Mandelsplitter in die Papierförm-chen legen.

Tip: Sie können die Manschetten für die Pralinen auch selbst herstellen: Quadrate aus Stan-niolpapier ausschneiden und über einen Fla-schenhals stülpen.

Grundrezept Honigmarzipan

Zutaten für etwa 400 g Marzipan:
250 g Mandeln · 150 g fester Honig (zum Beispiel Klee- oder Rapshonig) · 2 Eßl. Rosen-wasser
Pro 100 g etwa 2075 kJ/500 kcal
12 g Eiweiß · 35 g Fett · 35 g Kohlenhydrate
6 g Ballaststoffe

Zubereitungszeit einschließlich Trockenzeit: etwa 1 Stunde
Haltbarkeit im Kühlschrank: 7–8 Wochen

✳ Die Mandeln häuten. Dazu Wasser zum Ko-chen bringen und die Mandeln für kurze Zeit hineinlegen. Dann auf ein Sieb geben und die Häute abziehen.
✳ Die Mandeln auf einem Backblech ausbrei-ten.
✳ Das Backblech in den kalten Backofen (Mit-te) schieben und bei 50° die Mandeln etwa 35 Minuten gut trocknen lassen. Zwischendurch die Mandeln einmal umdrehen.

Konfekt und Pralinen

* Die getrockneten Mandeln sehr fein mahlen.
* Den Honig und das Rosenwasser gründlich mit den Mandeln verkneten.
* Die Masse zu einer Rolle formen, in Alufolie verpacken und im Kühlschrank aufbewahren.

Tip: Dieses Grundrezept können Sie beliebig ergänzen. Für Marzipankonfekt verwende ich zum Beispiel kleingeschnittenes Trockenobst, gehackte Walnüsse oder Mandeln, abgeriebene unbehandelte Zitronen- oder Orangenschale, Kirschwasser, Rum oder Likör. Durch Zugabe von etwas Rote-Bete-Saft oder Kakao können Sie das Marzipan auch farblich verändern.

Mokkatrüffel auf Marzipan
Bild Umschlag-Rückseite

Zutaten für etwa 20 Stück:
30 g Zitronat · 50 g Honigmarzipan (siehe Grundrezept Seite 99) · 1 Eßl. Zitronensaft
Für den Belag: 50 g Honig · 20 g Sahne · 20 ccm starker Kaffee · 25 g Butter · 1 gehäufter Teel. Kakao- oder Carobpulver · 3 Eßl. Mandeln, frisch gemahlen
Zum Verzieren: 1 Eßl. Mandeln, fein gehackt. · etwa 20 Papierförmchen für Pralinen
Pro Stück etwa 220 kJ/52 kcal
1 g Eiweiß · 4 g Fett · 6 g Kohlenhydrate · 0 g Ballaststoffe

Vorbereitungszeit: etwa 30 Minuten
Kühlzeit: 12–14 Stunden (über Nacht)
Fertigstellung: etwa 20 Minuten

* Das Zitronat in kleine Stückchen schneiden.
* Das Honigmarzipan mit dem Zitronensaft und dem Zitronat verkneten.
* Für die Trüffelmasse den Honig, die Sahne und den Kaffee in einen kleinen Topf geben und unter ständigem Rühren bei mittlerer Hitze etwa 8 Minuten kochen lassen.
* Den Topf vom Herd nehmen, die Masse in eine Schüssel gießen und einige Minuten abkühlen lassen.
* Die Butter zur Honigmasse geben und unterrühren. Danach den Kakao oder Carob und die Mandeln unter die flüssige Masse rühren.
* Die Trüffelmasse abdecken und über Nacht zum Festwerden in den Kühlschrank stellen.
* Das Marzipan zwischen Plastikfolie etwa 3 mm dick ausrollen. Runde Plätzchen mit gewelltem Rand von etwa 3 cm Ø ausstechen.
* Die Trüffelmasse in eine Spritztülle (siehe Zeichnung Seite 53) füllen und auf jedes Marzipanplätzchen 1 Tupfer spritzen.
* Zuletzt die Trüffel mit einigen gehackten Mandeln bestreuen und jeweils in ein Papierförmchen setzen.

Birnen-Kokos-Konfekt

Zutaten für etwa 45 Stück:
40 g getrocknete ungeschwefelte Birnen · 2 Eßl. Zitronensaft · 1 Ei · 2 Eßl. Honig · 125 g Honigmarzipan (siehe Grundrezept Seite 99) · 125 g Kokosflocken · etwa 45 Papierförmchen für Pralinen
Pro Stück etwa 140 kJ/33 kcal
1 g Eiweiß · 2 g Fett · 4 g Kohlenhydrate · 0 g Ballaststoffe

Vorbereitungszeit: etwa 10 Minuten
Quellzeit: etwa 1 Stunde
Fertigstellung: etwa 30 Minuten

* Die Birnen in kleine Stückchen schneiden.
* Den Zitronensaft über die Birnen träufeln und zugedeckt etwa 1 Stunde ziehen lassen.
* Das Ei mit dem Honig in eine Rührschüssel

geben und schaumig rühren. Das Honigmarzipan, die Kokosflocken und die Birnen unter die Schaummasse kneten.

∗ Mit angefeuchteten Händen aus der Masse etwa kirschgroße Kugeln formen und in die Papierförmchen setzen.

Flockenkonfekt
Bild Seite 92

Zutaten für etwa 40 Stück:
50 g Butter · 150 g feine Hafervollkornflocken ·
80 g Honig · 50 g Kokosflocken · 1 Eßl. Sahne
Für die Glasur: 1 gehäufter Eßl. Kakao- oder
Carobpulver · 30 g Honig · 1 Eßl. Sahne ·
1 Eßl. Wasser · 25 g Kokosfett
Pro Stück etwa 190 kJ/45 kcal
1 g Eiweiß · 2 g Fett · 5 g Kohlenhydrate ·
0 g Ballaststoffe

Vorbereitungszeit: etwa 30 Minuten
Kühlzeit: etwa 1 Stunde
Fertigstellung: etwa 20 Minuten

∗ Die Butter in einem Topf zerlassen und die Haferflocken darin bei mittlerer Hitze etwa 10 Minuten unter ständigem Rühren rösten.
∗ Die Haferflocken in eine Rührschüssel geben, den Honig, die Kokosflocken und die Sahne hinzufügen und gut vermengen. Die Masse abkühlen lassen.
∗ Die Haferflockenmasse durchkneten und mit angefeuchteten Händen kegelförmige Häufchen formen.
∗ Das Flockenkonfekt etwa 1 Stunde in den Kühlschrank stellen.
∗ Für die Glasur den Kakao oder Carob mit dem Honig, der Sahne und dem Wasser glatt rühren.
∗ Das Kokosfett in einen kleinen Topf geben

und bei schwacher Hitze zerlassen. Den Topf vom Herd nehmen und die Kakao- oder Carobmasse unter das flüssige Fett rühren.

∗ Die Unterseite des Konfekts mit der Glasur bestreichen und auf die Spitze einen kleinen Punkt setzen.

Pflaumen-Walnußpralinen

Zutaten für etwa 36 Stück:
250 g ungeschwefelte Dörrpflaumen (ohne
Stein) · 25 g Walnußkerne · 50 g Honigmarzi-
pan (siehe Grundrezept Seite 99) · abgeriebene
Schale von ½ unbehandelten Zitrone
Für die Glasur: 1 gehäufter Eßl. Kakao- oder
Carobpulver · 30 g Honig · 1 Eßl. Sahne ·
1 Eßl. Wasser · 25 g Kokosfett
Zum Verzieren: etwa 36 Walnußstückchen ·
etwa 36 Papierförmchen für Pralinen
Pro Stück etwa 190 kJ/45 kcal
1 g Eiweiß · 2 g Fett · 6 g Kohlenhydrate ·
1 g Ballaststoffe

Zubereitungszeit: etwa 35 Minuten
Kühlzeit: etwa 1 Stunde

∗ Die Pflaumen in kleine Stückchen schneiden. Die Walnüsse mittelfein hacken.
∗ Die Pflaumen, die Walnüsse, das Honigmarzipan und die Zitronenschale in eine Rührschüssel geben und gut durchkneten.
∗ Mit angefeuchteten Händen etwa kirschgroße Kugeln aus der Masse formen.
∗ Für die Glasur den Kakao oder Carob mit dem Honig, der Sahne und dem Wasser glatt rühren.
∗ Das Kokosfett in einen kleinen Topf geben und bei schwacher Hitze zerlassen. Den Topf vom Herd nehmen und die Kakao- oder Carobmasse in das flüssige Fett einrühren.

* Die Kugeln mit der Glasur überziehen und jede Praline mit 1 Walnußstückchen verzieren.
* Die Pralinen etwa 1 Stunde in den Kühlschrank stellen.
* Danach jede Pflaumen-Walnußpraline in ein Papierförmchen setzen und kühl aufbewahren.

Rumtrüffel

Zutaten für etwa 20 Stück:
100 g Sahne · 100 g Honig · 1 Prise Meersalz · 50 g weiche Butter · 1 Eßl. Rum · 2 Eßl. Mandeln, frisch gemahlen
Zum Verzieren: etwa 30 g Carobschokolade · etwa 20 Papierförmchen für Pralinen
Pro Stück etwa 270 kJ/64 kcal
0 g Eiweiß · 5 g Fett · 5 g Kohlenhydrate · 0 g Ballaststoffe

Vorbereitungszeit: etwa 20 Minuten
Kühlzeit: etwa 2 Stunden
Fertigstellung: etwa 15 Minuten

* Die Sahne, den Honig und das Salz in einen kleinen Topf geben und unter ständigem Rühren bei mittlerer Hitze etwa 5 Minuten kochen lassen.
* Die Masse in eine Schüssel füllen und lauwarm abkühlen lassen.
* Die Butter, den Rum und die Mandeln unter die Honigmasse rühren.
* Die Creme zudecken und für etwa 2 Stunden zum Festwerden in den Kühlschrank stellen.
* Die Carobschokolade hobeln.
* Von der Trüffelmasse mit zwei Teelöffeln kleine Bällchen abstechen. Die Trüffel in der Carobschokolade wälzen und in die Papierförmchen setzen.
* Die Rumtrüffel kühl aufbewahren.

Aprikosenwürfel

Zutaten für etwa 24 Stück:
2–3 Eßl. Sesamsamen · 130 g getrocknete ungeschwefelte Aprikosen · 2 Eßl. Zitronensaft · 40 g Cashewbruch · 75 g Walnußkerne, frisch gemahlen · abgeriebene Schale von ½ unbehandelten Zitrone · 1 Prise gemahlener Ingwer · 50 g Honig · 1 gehäufter Eßl. Mandel- oder Haselnußmus · etwa 24 viereckige Papierförmchen für Pralinen
Pro Stück etwa 290 kJ/69 kcal
2 g Eiweiß · 4 g Fett · 6 g Kohlenhydrate · 1 g Ballaststoffe

Vorbereitungszeit: etwa 15 Minuten
Quellzeit: etwa 1 Stunde
Fertigstellung: etwa 20 Minuten

* Den Sesam in einer trockenen Pfanne bei mittlerer Hitze unter ständigem Rühren leicht anrösten und anschließend auf einem Teller auskühlen lassen.
* Die Aprikosen in sehr kleine Stückchen schneiden und in eine Schüssel geben.
* Den Zitronensaft darüber träufeln und die Aprikosen zugedeckt etwa 1 Stunde durchziehen lassen.
* Den Cashewbruch mittelfein hacken.
* Die Walnüsse, die Zitronenschale, den Ingwer, den Honig, das Mandel- oder Haselnußmus und den Cashewbruch zu den Aprikosen geben und alles gut verkneten.
* Mit angefeuchteten Händen Würfel von etwa 2 cm Seitenlänge aus der Aprikosenmasse formen, dabei die Hände immer wieder anfeuchten.
* Jeden Aprikosenwürfel in dem Sesam wälzen und in die Papierförmchen legen.
* Die Aprikosenwürfel kühl aufbewahren.

Konfekt und Pralinen

Fruchtschnitten

Zutaten für eine Kastenform von 30 cm Länge:
80 g feine Hafervollkornflocken · 50 g getrock-nete ungeschwefelte Aprikosen · 50 g getrock-nete ungeschwefelte Birnen · 50 g ungeschwe-felte Dörrpflaumen (ohne Stein) · 50 g getrock-nete ungeschwefelte Datteln (ohne Stein) ·
50 g ungeschwefelte Rosinen · 4 Eßl. Zitronen-saft · 4 Eßl. Mandel- oder Haselnußmus ·
¼ Teel. Zimtpulver · 2 Eßl. Honig · 100 g Man-deln, frisch gemahlen
Für die Form: Pergamentpapier
Bei 30 Stück etwa 300 kJ/76 kcal
2 g Eiweiß · 4 g Fett · 8 g Kohlenhydrate ·
2 g Ballaststoffe pro Stück

Vorbereitungszeit: etwa 20 Minuten
Quellzeit: etwa 1 Stunde
Fertigstellung: etwa 10 Minuten
Ruhezeit: 2–3 Stunden

✷ Die Haferflocken in einer trockenen Pfanne bei mittlerer Hitze unter ständigem Rühren goldgelb rösten. Danach auf einem Teller ab-kühlen lassen.
✷ Die Aprikosen, die Birnen, die Dörrpflaumen, die Datteln und die Rosinen in sehr kleine Stückchen schneiden.
✷ Die Trockenfrüchte mit dem Zitronensaft übergießen und zugedeckt etwa 1 Stunde durchziehen lassen.
✷ Die Kastenform mit Pergamentpapier ausle-gen.
✷ Das Mandel- oder Haselnußmus, den Zimt, den Honig, die Mandeln und die Haferflocken zu den Trockenfrüchten geben und alles gut durchkneten.
✷ Die Fruchtmasse in die Kastenform füllen und fest andrücken.
✷ Die Kastenform abdecken und für etwa 2–3 Stunden in den Kühlschrank stellen.

✷ Die Fruchtmasse aus der Form stürzen, das Pergamentpapier abziehen und die Masse in et-wa 4 × 2 cm große Fruchtschnitten schneiden.

Tip: Wenn Sie die Fruchtschnitten in Klarsicht-folie wickeln, bleiben sie lange frisch und aro-matisch.

Weizen-Haferkonfekt

Zutaten für etwa 30 Stück:
125 g Weizen, mittelfein gemahlen · 125 g Ha-fer, mittelfein gemahlen · 1 Prise Meersalz ·
¼ Teel. Zimtpulver · 2 Eßl. Zitronensaft · 5 Eßl. Sahne · 2 Eßl. Honig · 4 Eßl. Mandel- oder Ha-selnußmus
Zum Verzieren: etwa 30 geschälte Mandelhälften · etwa 30 Papierförmchen für Pralinen
Pro Stück etwa 260 kJ/62 kcal
2 g Eiweiß · 3 g Fett · 7 g Kohlenhydrate ·
1 g Ballaststoffe

Zubereitungszeit: etwa 30 Minuten

✷ Das Weizen- und das Hafervollkornmehl in einer trockenen Pfanne unter ständigem Rüh-ren bei mittlerer Hitze so lange rösten, bis es beginnt, aromatisch zu duften.
✷ Das Mehl in eine Rührschüssel geben und abkühlen lassen.
✷ Das Salz und den Zimt unter das Vollkorn-mehl mischen. Den Zitronensaft, die Sahne, den Honig und das Mandel- oder Haselnußmus da-zugeben und alle Zutaten verkneten.
✷ Mit angefeuchteten Händen etwa kirschgro-ße Kugeln aus der Masse formen. Jede Kugel mit 1 Mandelhälfte verzieren und in ein Papier-förmchen setzen.
✷ Das Weizen-Haferkonfekt kühl aufbewahren.

Konfekt und Pralinen

Marzipan-Pistazienpralinen

Zutaten für etwa 32 Stück:
20 g Orangeat · 30 g Pistazienkerne ·
20 g Carobschokolade · 50 g weiche Butter ·
100 g Honigmarzipan (siehe Grundrezept
Seite 99)
Für die Glasur: 1 gehäufter Teel. Kakao- oder
Carobpulver · 1 Teel. Honig · 1 Teel. Sahne ·
1 Teel. Wasser · 10 g Kokosfett
Zum Verzieren: etwa 32 Pistazienstückchen ·
etwa 32 Papierförmchen für Pralinen
Pro Stück etwa 180 kJ/43 kcal
1 g Eiweiß · 4 g Fett · 3 g Kohlenhydrate ·
0 g Ballaststoffe

Zubereitungszeit: etwa 40 Minuten
Kühlzeit: etwa 1 Stunde

∗ Das Orangeat in kleine Stückchen schneiden. Die Pistazienkerne mittelfein hacken. Die
Carobschokolade fein raspeln.
∗ Die Butter mit dem Honigmarzipan verkneten. Das Orangeat, die Pistazien und die Scho-
kolade dazugeben und gut vermengen.
∗ Mit angefeuchteten Händen etwa kirschgroße Kugeln aus der Masse formen.
∗ Für die Glasur den Kakao oder Carob mit
dem Honig, der Sahne und dem Wasser glatt
rühren.
∗ Das Kokosfett in einen kleinen Topf geben
und bei schwacher Hitze zerlassen. Den Topf
vom Herd nehmen und die Kakao- oder Carobmasse unter das flüssige Fett rühren.
∗ Einen Teelöffel in die Glasur tauchen und jede Praline spiralförmig mit Glasur beträufeln.
Zuletzt die Pralinen mit 1 Pistazienstückchen
verzieren.
∗ Die Pralinen in die Papierförmchen setzen
und etwa 1 Stunde im Kühlschrank durchziehen
lassen.

Herrenkonfekt

Zutaten für etwa 64 Stück:
250 g ungeschwefelte Dörrpflaumen (ohne
Stein) · 2 Eßl. Zwetschgenwasser oder
Wasser · 30 g Walnußkerne · 30 g Mandeln,
frisch gemahlen · ¼ Teel. Zimtpulver ·
1 gehäufter Eßl. Mandel- oder Haselnußmus ·
etwa 64 Vollkornoblaten von 5 cm ⌀
Pro Stück etwa 82 kJ/20 kcal
0 g Eiweiß · 1 g Fett · 2 g Kohlenhydrate ·
1 g Ballaststoffe

Vorbereitungszeit: etwa 10 Minuten
Quellzeit: etwa 1 Stunde
Fertigstellung: etwa 20 Minuten

∗ Die Dörrpflaumen sehr klein schneiden und
in eine Schüssel geben.
∗ Die Pflaumen mit dem Zwetschgenwasser
oder dem Wasser übergießen und zugedeckt
etwa 1 Stunde durchziehen lassen.
∗ Die Walnüsse mittelfein hacken.
∗ Die Mandeln, den Zimt, das Mandel- oder
Haselnußmus und die Walnüsse zu den Pflau-
men geben und alles gut durchkneten.
∗ Mit angefeuchteten Händen etwa walnußgro-
ße Kugeln aus der Masse formen.
∗ Jede Kugel auf eine Oblate setzen, flach-
drücken und eine zweite Oblate daraufsetzen.
Die Oblaten mit einem Messer halbieren.

Rosinenbällchen

Zutaten für etwa 32 Stück:
125 g dunkle ungeschwefelte Rosinen · 4 Eßl.
Rum (ersatzweise Orangen- oder Apfelsaft) ·
50 g getrocknete ungeschwefelte Aprikosen ·
50 g Honig · 75 g Mandeln, fein gehackt ·
75 g Mandeln, frisch gemahlen

Zum Verzieren: 2–3 Eßl. Mandeln, frisch gemahlen · etwa 32 Papierförmchen für Pralinen
Pro Stück etwa 240 kJ/57 kcal
1 g Eiweiß · 3 g Fett · 5 g Kohlenhydrate ·
1 g Ballaststoffe

Vorbereitungszeit: etwa 10 Minuten
Quellzeit: etwa 3 Stunden
Fertigstellung: etwa 20 Minuten

∗ Die Rosinen in kleine Stückchen schneiden.
∗ Den Rum in einen kleinen Topf geben und bei schwacher Hitze leicht erwärmen.
∗ Die Rosinen mit dem Rum übergießen und zugedeckt etwa 3 Stunden durchziehen lassen.
∗ Die Aprikosen sehr fein schneiden.
∗ Den Honig, die Mandeln und die Aprikosen zu den Rosinen geben und alles gut durchkneten.
∗ Mit angefeuchteten Händen etwa kirschgroße Kugeln aus der Rosinenmasse formen und in den Mandeln wälzen. Die Kugeln in die Papierförmchen setzen.
∗ Die Rosinenbällchen an einem kühlen Ort aufbewahren.

Gefüllte Pfläumchen
Bild Seite 92

Zutaten für etwa 25 Stück:
40 g Haselnußkerne, frisch gemahlen · 50 g ungeschwefelte Dörrpflaumen (ohne Stein) · ½ Eßl. Rum oder Rosenwasser · etwa 25 ungeschwefelte Dörrpflaumen zum Füllen · 30 g Honigmarzipan (siehe Grundrezept Seite 99) · ¼ Teel. Zimtpulver · ½ Eßl. Honig · etwa 25 Papierförmchen für Pralinen
Pro Stück etwa 130 kJ/31 kcal
0 g Eiweiß · 1 g Fett · 4 g Kohlenhydrate ·
1 g Ballaststoffe

Vorbereitungszeit: etwa 10 Minuten
Quellzeit: etwa 30 Minuten
Fertigstellung: etwa 20 Minuten

∗ Die Haselnüsse in einer trockenen Pfanne bei mittlerer Hitze unter ständigem Rühren leicht anrösten. Anschließend auf einem Teller auskühlen lassen.
∗ Die Pflaumen sehr klein schneiden und in eine Schüssel geben.
∗ Die Pflaumen mit dem Rum oder dem Rosenwasser beträufeln und zugedeckt etwa 30 Minuten durchziehen lassen.
∗ Die Pflaumen zum Füllen zur Hälfte aufschneiden.
∗ Das Honigmarzipan, den Zimt, den Honig und die Haselnüsse zu den kleingeschnittenen Pflaumen geben und gut durchkneten.
∗ Mit angefeuchteten Händen etwa kirschgroße Kugeln aus der Marzipanmasse formen.
∗ Jede Pflaume mit 1 Kugel füllen und in die Papierförmchen setzen.

Rezept- und Sachregister

Kursiv gesetzte Seitenzahlen verweisen auf Farbbilder.

Rezept- und Sachregister

Rezept- und Sachregister

3. Umschlagseite: Die Mandelröllchen (links), ein feines Gebäck aus Mürbeteig, und die beliebten Zimtsterne (rechts) sind – hübsch verpackt – ein schönes
Mitbringsel. Rezept Seite 62 und 51. ▷